# 過疎地が輝く　もう一つの保育

自然・人・文化
が手繰り合って

地 小 学 校

一人ひとりの想いが
響き合ってみんなの
物語になっていく

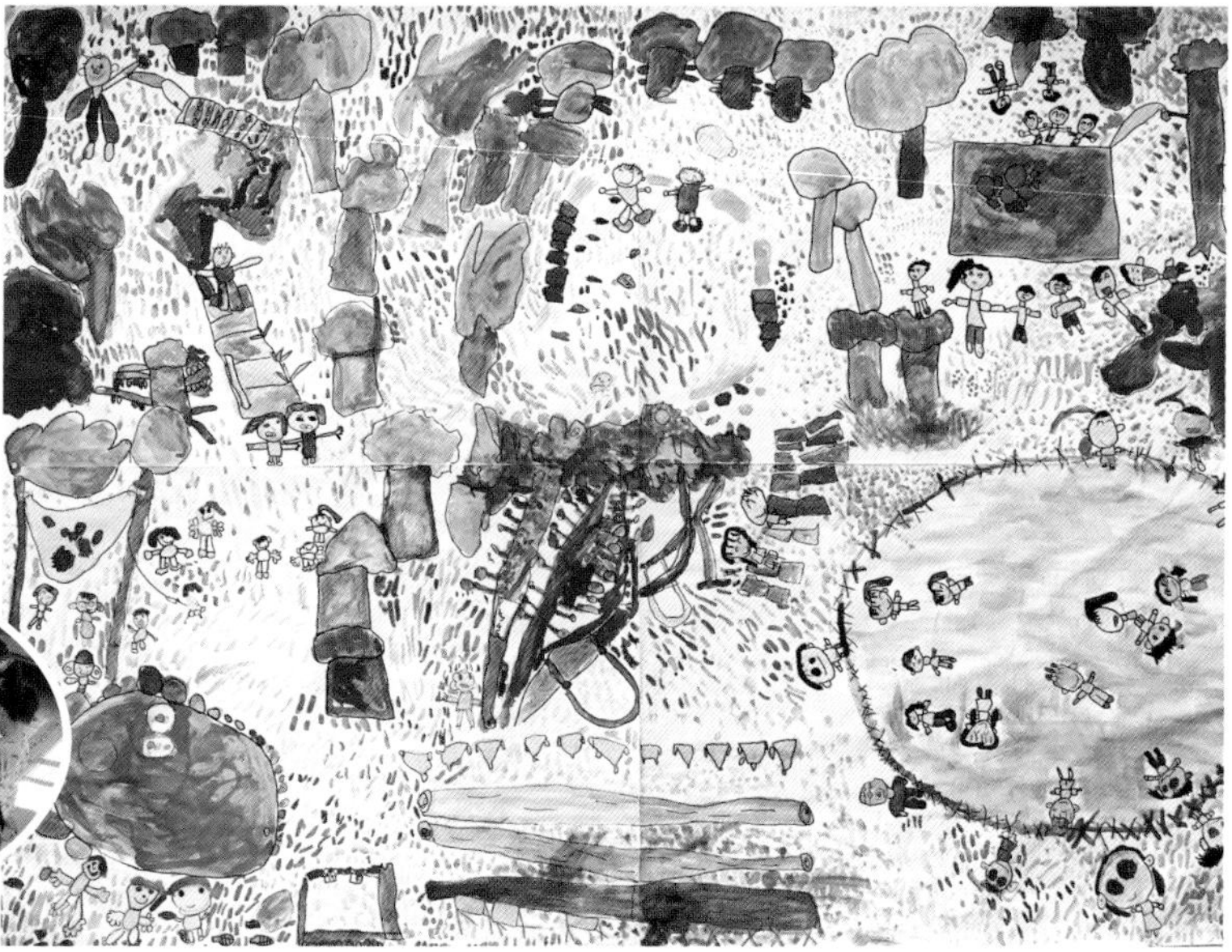

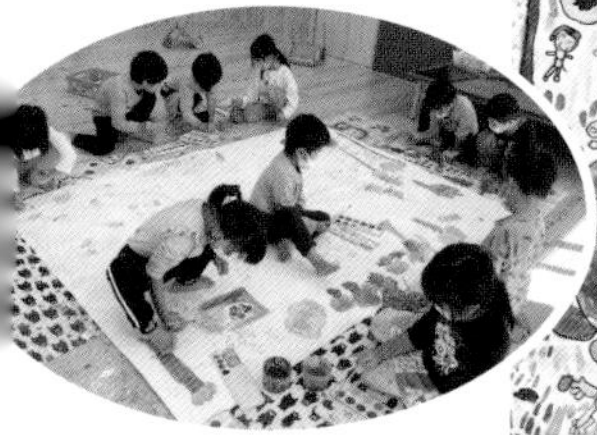

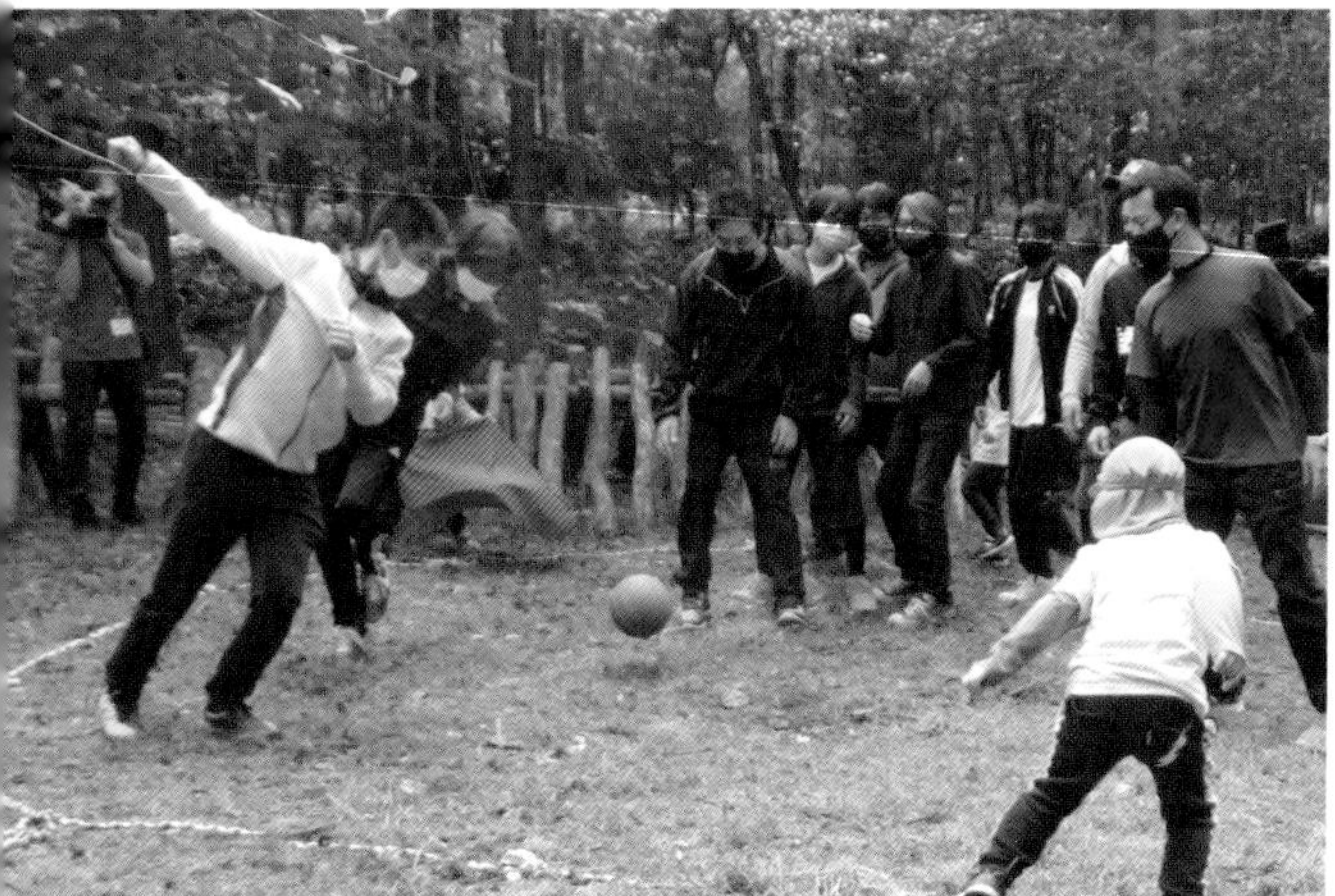

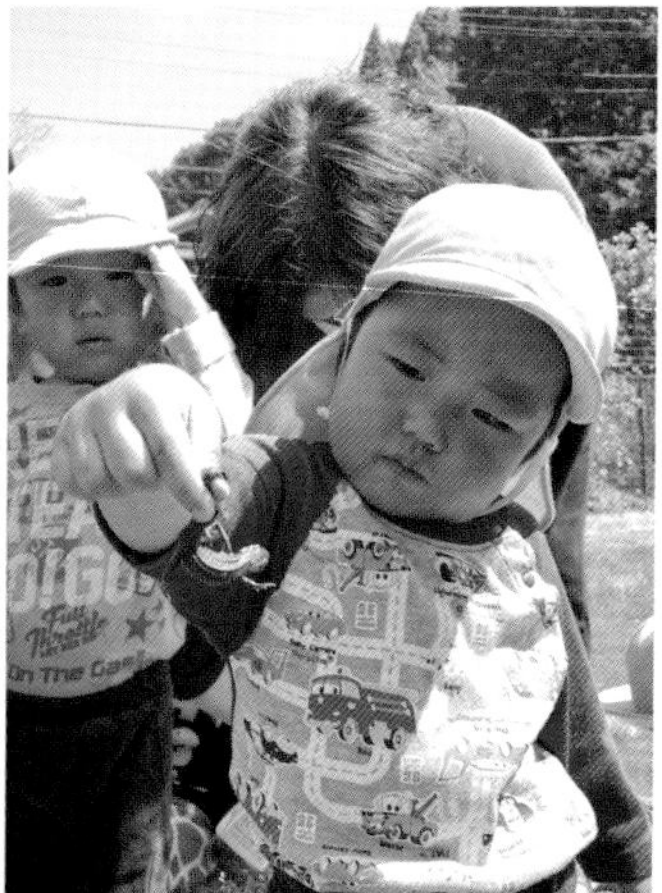

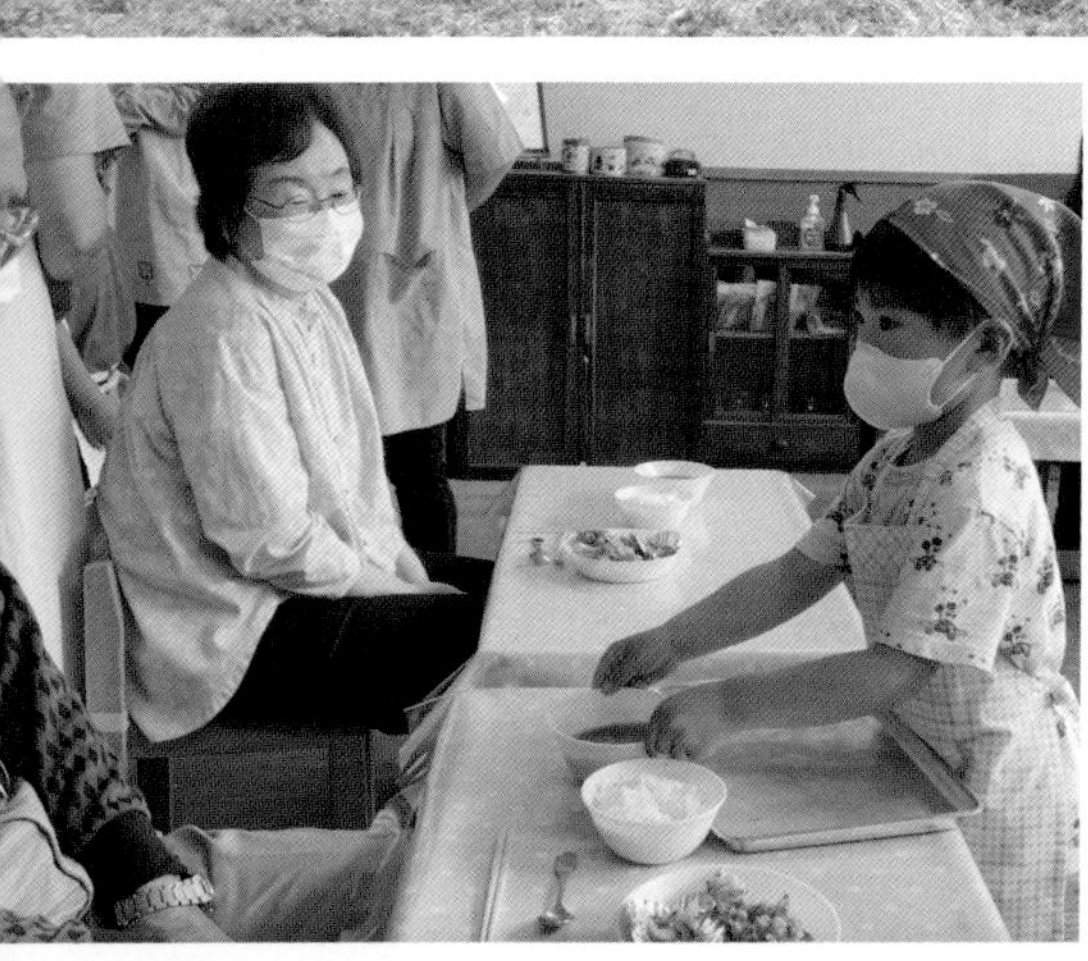

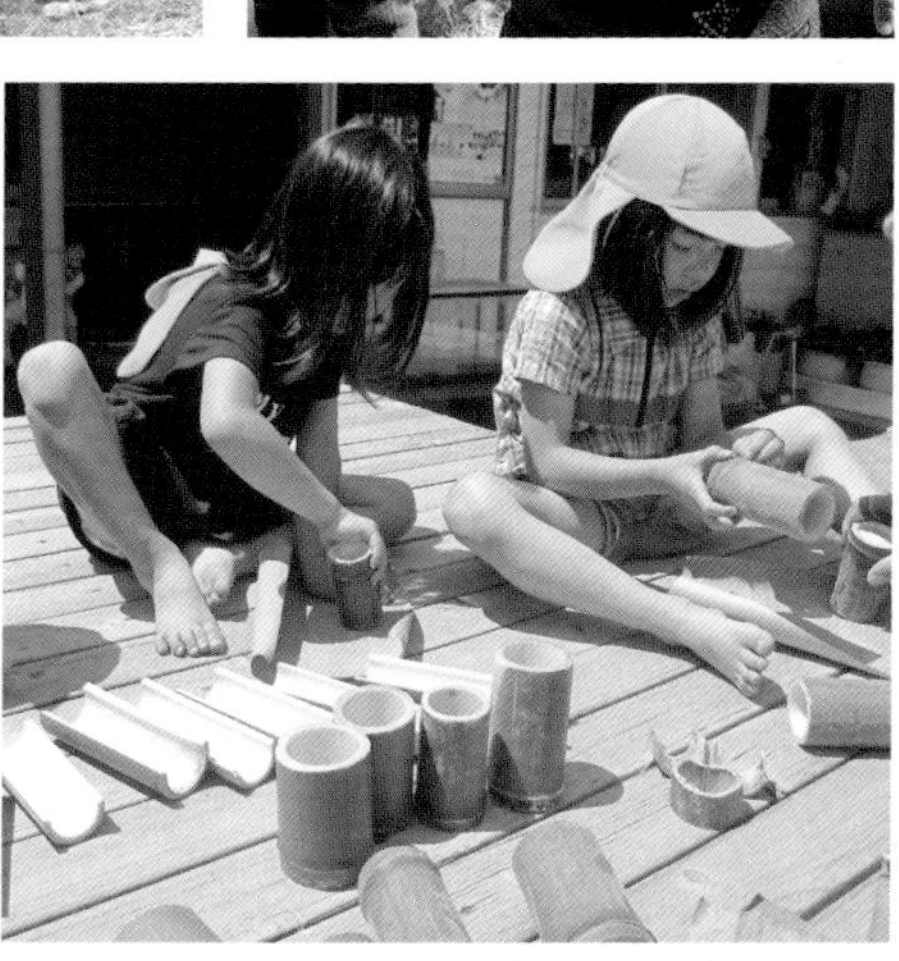

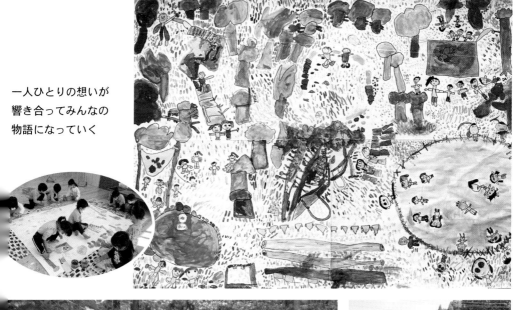

保育を見つめ語らい変える No.2

# 里山の保育

過疎地が輝くもう一つの保育

宮里六郎　岩根治美　奥村智美
倉世古久美子　橋本志穂　鍋田まゆ

ひとなる書房

## はじめに

# 本書の構成と願い

本書を手に取ってくださり、ありがとうございます。

この本の大きな特徴は、第1部に収めた五人の実践者による里山保育の実践記録です。お読みいただくと、これまで多くの方が知っている、あるいは営んでいる保育のありようとは少し趣の異なった、「もう一つの保育」の姿を目の当たりにされるのではないでしょうか。

都市部でも保育していた奥村さん。文字通り島まるごと保育園になっていく様子を生きいきと綴っています。都会も過疎地も視野においた里山保育の実践論にもなっています。

これまでの「課題提示型の保育」を見直して、里山保育に確信を持ち始めた橋本さん。保護者の賛同にも励まされて、「もう、この保育はやめられない」と語っています。

園経営のご苦労や悩みは語りますが、悲壮感は感じさせない倉世古さん。創意工夫で困難に立ち向かうその明るさに、地域の方々や職員、仲間たちは元気をもらいます。

過疎地の厳しさ切なさを熟知する鍋田さん。いつも地域の文化やみんなの暮らしの向上を視野に入れた、園づくりと地域づくりがつながった里山保育です。

最後は生粋の里人（さとんちゅう）で、退職後の今は百姓の岩根さん。「食農保育」を体現した里山保育です。「心の里山は誰にでもある。あなたも見つけて、あなたの里山！」と熱く呼びかけます。

地域も風土も文化も違いますが、いずれも里山「愛」に溢れた五つの物語です。そこには、「知ることは感じることの半分も重要ではない」とした『センス・オブ・ワンダー』の著者レイチェル・カーソンの世界観にも通じるものが含まれています。

まず、これらの実践記録を読んで、過疎地に咲いた里山保育の魅力をたっぷり堪能してください。

序章と第2部、終章は宮里の論考です。二〇数年過疎地の保育者と一緒に考えてきた少し理論的な里山保育論の試みです。

序章は過疎地の保育の実態や動向をわかりやすく整理しました。第1部の実践記録へのいざないの役割も持っています。

第2部では第1章で、過疎地におけるこれまでの保育実践の展開を、近年急速に進む過疎化や保育制度の変化とつなぎながら整理します。

第2章で「里山保育」を成り立たせる要素を分析し、実践モデルや里山保育スタイルの構築も試みています。

第3章で今後里山保育が豊かに発展していくために、保育所の適正規模や小規模多機能保育等、過疎地の実状に則した制度や施設設計の課題を提案します。
終章では過疎問題を社会的な動向に位置づけて考えてみました。

率直に言えばこれまでの主要な保育政策や保育論は都市部の保育事情を反映したもので、過疎地の実状が顧みられることはほとんどありませんでした。本書に込めた一番の願いは、過疎地の保育者が里山保育の魅力に接することで、自分たちの保育と地域に今以上のよろこびと誇りを感じられるようになってほしいということです。また都市部の保育者に「うらやましいな。こんな保育をしてみたい」と思ってもらうだけでもうれしいです。

本書が過疎地と都市部の保育者が手を携えて、子どもと保育の未来を語り合い考え合っていくきっかけになることを願っています。そして、保育者だけでなく保護者や保育関係者以外の方々にも「子どものしあわせな暮らしとは」を一緒に考えてもらえたら、望外のよろこびです。

二〇二二年一二月

ウクライナ侵攻の年、「戦前」にならないことを願いながら

執筆者を代表して　宮里六郎

もくじ●里山の保育　過疎地が輝くもう一つの保育

# 序章　「過疎地の保育」から「里山保育」へ

## 過疎地の保育者、都市部の保育者

私が出会った過疎地の保育者は大変魅力的です。子どもの数が減って元気を失いそうなのに踏ん張っています。小規模・少人数でも自然な異年齢保育でまるで「おうち」のように暮らしています。さらに保育園を飛び出して四季折々その日の天気に応じて里山を歩き回っています。里山の暮らしに溶け込んだ保育を展開しています。

それとは対象的に都市と同じような保育を、いや都市部に負けない「教育」をと頑張ってしまう保育者もいます。過疎地域の実態とはかけ離れた「都市的保育情報」に巻き込まれているのかもしれません。さらに残念ながら情報や研修不足による「昔ながらの保育者主導型の旧態依然とした保育」が行われているのも事実です。

一方、都市でも過疎地とは違った厳しい条件のなかで行き詰まりを感じている保育者もいます。過疎地の保育の話も真剣に聞いてくれて「保育や子育ての原点はそこにあるのかも」と共感してもらえるとうれしくなります。反対に「子どもが少なくて自然が豊かな過疎地だからできるのよ、私たちには無理」と取り合ってもらえないこともあります。過疎と過密はコインの裏と表のような構造的な問題です。そこには何か手がつなげる接点も隠されているはずです。

## 過疎地の保育の三つの特徴―地域に飛び出す保育

さてかんたんに過疎地の保育の特徴を整理してみます。

**第一**に小規模・少人数のため異年齢のクラス編成が多いことです。過疎化と少子化の同時進行で子どもの数が減ると、クラス編成をどうするかが最初の問題になります。異年齢クラスでは子どもの育ちが保障できないという思いがなかなか吹っ切れません。しかし都市部では年齢別にクラス編成できるけど「あえて」異年齢クラス編成するところも増えています。私は仕方がないから異年齢保育という「条件的異年齢保育」に対して「理念的異年齢保育」と呼んでいます。過疎地では、理念的と言うより異年齢が当たり前な**「自然体の異年齢保育」**になっているところもあります。園児数の少なさは実践的にはクラス編成問題ですが、運営的には園を存続できるかどうか厳しい問題でもあります。

**第二**に過疎地で多く取り組まれているのは「散歩」と「畑づくり」です。

過疎地の散歩は、都市部の散歩と違って、どんぐり拾い・野いちご摘み・虫とりなど自然の収穫物がたくさんあります。農耕文化以前の狩猟採取のよろこびがあります。また子どもと地域、地域と園をつなぎます。近所の人たちは子どもを見かけると笑顔になり声をかけてくれます。庭の梅をちぎらせてくれたり牛を触らせてくれたり、大根をもらって帰ることもあります。

畑づくり。ある保育園の畑には、ミニトマト、キュウリ、オクラ、ピーマン、枝豆、ニンジン、里芋、落花生など、四季を通じてさまざまな野菜が育てられています。収穫してクッキングをすることもあります。「食育」を超えて過疎地の基盤産業である農業と食べることがつながった**「食農保育」**です。そして、お百姓さんとも顔見知りです。立ち話をしたり野菜をもらったり、ときには畑づくりを教えてもらうこともあります。子どもたちは大人の（農的）暮らしの傍らで育っています。

**第三**に世代間交流（異世代交流）が盛んです。しかも「敬老の日」のようなイベント的な交流ではなく、散歩や畑づくりを通した日常的な交流です。かしこまった「世代間交流」というより**「ご近所づき合い」**と言ったほうがいいかもしれません。さらに小さい保育園では近くの保育園との交流保育も行われています。地域の運動会におじゃましているところもあります。ご招待ではなくお出かけが主流です。

過疎地の保育は、保育園（保育室や園舎そして園庭）に囲い込まない保育が展開されています。地域に飛び出す保育と言ってもいいでしょう。

## 過疎の動向─限界集落ではなく田園回帰！

「過疎」は、一九七〇年に制定された「過疎地域対策緊急措置法」で、「人口の急激な減少により地域社会の基盤が変動し、生活水準及び生産機能の維持が困難となっている地域」と定義されています。

過疎地域の人口減少の推移は、人口激減期（一九六〇年～七五年）→人口減少鈍化期（一九八〇年～八五年）→人口減少再加速期（一九九〇年以降）と整理されます。とくに平成の市町村大合併が進行した二〇〇五年以降の再加速化は著しかったと言われています。また、過疎は一九七〇年頃の「若者流出型」過疎から一九九〇年頃からの「少子型」過疎に変化しています。さらに二〇一〇年頃から

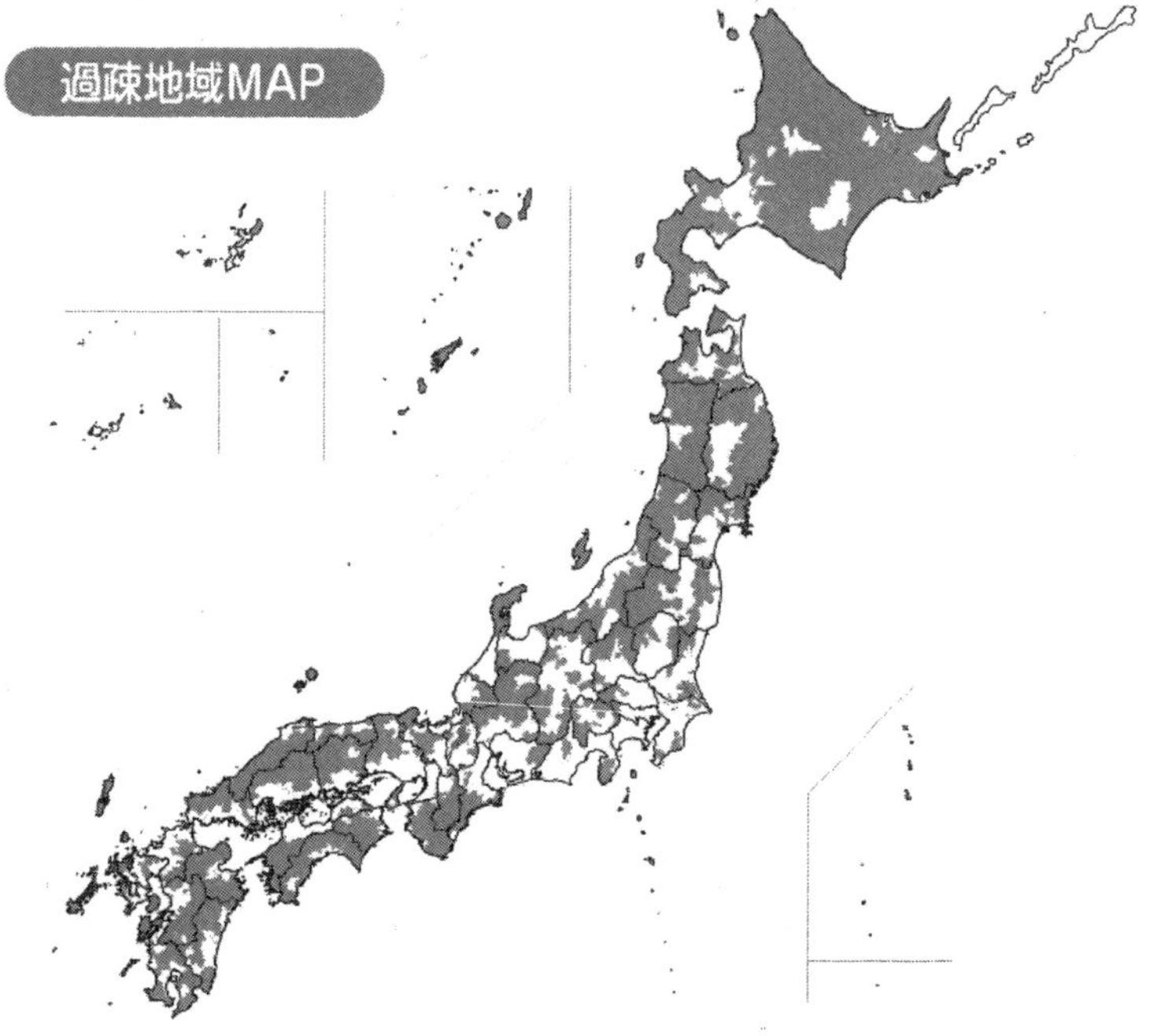


過疎地は、面積で言うと実に国土の６割強になります（地図のアミかけ部分）。自治体数では５割強の885自治体であり、人口比では約９%、千百数十万人が過疎地に暮らしています（2021年）。ちなみに過疎地の保育所数は約三千と推計されてます。　（MAPは一般社団法人全国過疎地域連盟のHPより引用）

の過疎化は「少子型」過疎に、それまでなかった「高齢者減少型」の過疎が付加して全年齢階層減少型になっています。

過疎化は人口が少ないだけでなく、急激な人口減少による社会問題です。生活困難地域、なんだか人口が少ないことを一面的で否定的な捉え方です。それに拍車をかけて「限界集落」や「自治体消滅論」という言葉が重ねられてきました。「限界集落」は社会学者の大野晃が一九九〇年に使った言葉です。集落を構成している人口の半数が六五歳以上で、農作業や冠婚葬祭などの集落としての共同体の機能を維持することが限界に近づきつつある集落を指しています。「自治体消滅論」は、二〇〜三九歳の女性の人口が二〇一〇年から二〇四〇年までの間に五割以上減少すると推計される自治体で、少子化や人口流出に歯止めがかからず、存続できなくなるおそれがある「消滅可能性自治体」のことです。二〇一四年に日本創成会議人口減少問題検討分科会報告、通称「増田レポート」で指摘されました。

これらとは反対に最近「田園回帰」の動きもあります。小田切徳美（明治大学）の「田園回帰論」や藤山浩（一般社団法人持続可能な地域社会総合研究所所長）の「田園回帰1％戦略」などです。田園回帰とは都市住民の農村移住であり、その傾向が近年強まっていることを表しています。定年退職者だけでなく子育て世帯の家族移住も増えています。田園回帰1％戦略は「毎年1％の移住者がいれば人口は安定化」するという具体的戦略です。二〇一五年は「田園回帰元年」とも言われました。「限界集落」という言葉に惑わされることなく、それに抗する「田園回帰」の動きもあるのです。

## 里山保育と森のようちえん

さて里山保育の「里山」について。里山は「人里近くにある生活に結びついた山や森林に加えて隣接する農地と集落」のことです。生態学者の鷲谷いづみは、自然の営みと人間活動との合作ともいえるダイナミックなシステムとして平仮名「さとやま」と表記しています。また二〇一〇年一月に開催された国際会議では「『SATOYAMA イニシアティブ』に関するパリ宣言」が採択されています。最近ではＮＨＫでも度々放映されてよく耳にするようになりました。里山は先の田園回帰とともに、過疎・限界・消滅という否定的印象の表現に対して、肯定的な表現として認知されてきています。

私は、里山を、①**集落**（人が暮らしている場所、里）、②**田畑**（人間の自然への営み）、そして③**雑木林**（人が出入りする半自然的な山・森・川・海、草原・水辺）の三つが組み合わされた場所（複合的な生態系システム）と整理しています。**「里山の自然の営みや人びとの暮らしに溶け込んだ保育」**を**「里山保育」**と呼ぶことにします。

さて幼稚園教育要領や保育所保育指針、幼保連携型認定こども園教育・保育要領等の領域「環境」でも自然の活用がうたわれています。それらを「自然体験保育」「野外保育」と呼ぶこともあります。また、自然のなかでの保育では「森のようちえん」が知られています。

「森のようちえん」は、森などの自然豊かな環境の中で、子どもの直接的な体験と主体的な遊びを重視した保育・幼児教育を行っています。もともとは北欧（デンマーク）が発祥で、日本でも「森のようちえん全国ネットワーク」が二〇〇八年に結成されています。園舎のなかではなく森で過ごす保育が中心的な活動です。もちろん「森」は森だけでなく海や川や野山・里山も含んでいます。「ようちえん」も幼稚園だけでなく保育園も認定こども園や育児サークルなど自主グループでも取り組まれています。

「森のようちえん」は園の中に囲い込まないで自然や野外で子どもを育てるという点では里山保育と似ています。ただ里山保育は、過疎という地理的・人口的条件を強く意識しています。そのうえで散歩など里山集落での世代間交流（ご近所づき合い）の比重が大きいこと、さらに農業とのつながりも深く土着性が強いところに特徴があります。

## 「過疎地の保育」から「里山保育」へ

里山保育という表現は、真砂保育園（島根県益田市真砂地区、定員二〇名）のホームページを参考にしました。そこでは「里山保育」とは、シンプルに言えば「里山保育」＝「山の保育」＋「里の保育」と非常にわかりやすく説明されています。「地域ぜんぶが園庭、住民みんな保育者」というスローガンも素敵です。

里山保育は過疎地の里山の自然と暮らしに溶け込んだ保育です。もう少し具体的に言えば、散歩を中心にした① **「里（地）の保育」**、山や森の自然探検を中心にした② **「山の保育」**、「食」と里山の基盤である「農業」とつながった③ **「食農保育」**、里山のお年寄りとの日常的な交流を中心にした④ **「世代間交流」** の四つの柱から成り立っています。これらを支える **小規模・異年齢保育** があります。

地域にお世話にもなっていますが、地域を元気にするのも里山の保育園の役割です。そして制度的には大規模多機能でも小規模少機能でもない **「小規模多機能型」** 保育施設の模索が求められます。

これまでの「過疎地の保育」というくくりでは、あまり元気がでませんでした。「過疎地の保育」から、「里山保育」という言い方にしました。「里山保育」というくくりで希望を紡ぎたいのです。

とは言っても「里山保育」に定形はありません。里山保育は考え方でありスタイルです。また、里山保育は里山がある場所だけの保育ではありません。里山は誰にでもあるふるさとのようなものです。「里山の保育」と、もっと広げて呼んでもいいのです。里山は都会の人には郷愁を過疎地の人には希望をともしてくれます。里山保育もそこに暮らす人みんなが幸せを分かち合える居場所（コモンズ）としてイメージしていただければと思います。

【参考文献】小田切徳美・筒井一伸編著『田園回帰の過去・現在・未来』農山漁村文化協会　二〇一六年
藤山浩『田園回帰1％戦略』農山漁村文化協会　二〇一五年
鷲谷いづみ『さとやま』岩波書店　二〇一一年
山本努『人口環流（Uターン）と過疎農山村の社会学』学文社　二〇一三年

# 第1部

## 里山の保育実践

地域まるっと保育園！

この土地に暮らすみんなの手で
この土地の保育をつくっていく

# 島まるごと保育所

## 便利な暮らしはないけれど、つながりあって育ち合う

福岡県・大島へき地保育所　**奥村智美**

### はじめに

#### 三歳になったら一人で登園―自立の一歩

私たちが大島に来て一番驚いたことは、子どもたちは三歳頃になると一人で家から保育所に来るということです。月曜日は布団などもあるので、それを一人で抱えてきます（巻頭口絵参照）。

子どもたちは、同じ方向に帰る友だちが、ちょっと先に「一人で」を経験した先輩となり、初めて家に「一人で帰る」、保育所に「一人で行く」自立の節目を迎えるのです。地域の方は、保育所の子どもたちが行き帰りに通る道や時間帯を知っています。一人で歩き始めた子どもを見かけると「あぁ、三歳になったんばい。おおきくなったなぁ」と見守ります。子どもたちの自立や小さな成長を、地域

の人たちが当たり前に見守ってくれています。初めて一人で、保育所から家に帰る日は、保育者の私たちは、どきどきして後ろからついて行きたくなります。

そしてこの島には高校がありません。中学卒業を迎える一五歳が大きな自立の節目となっています。この「一五の春」、島を離れ新たな環境に巣立ちます。それがこの島で「自立の節目」、大きな「門出」の日なのです。

### 大島へき地保育所―小さくても豊かな育ちの土壌

大島へき地保育所は福岡県宗像市神湊からフェリーで二五分の離島、大島にあります。島の人口は五七〇名（二〇二二年）で、漁業や観光業が中心です。島には、信号もコンビニエンスストアもありません。島内には、保育所と隣接する小中一貫の義務教育学校（四一名）は一つ、行政センター、地域のコミュニティセンター、診療所・歯科・駐在所・消防署の分遣所・高齢者施設などがあります。就労にかかわらず二歳児から入所し、二〇二二年度現在二歳～五歳児一八名が在籍し、異年齢一クラスで暮らしています。職員は正規職員三名、臨時職員二名です。公立だった保育所が、二〇一〇年度より宗像市の指定管理者制度の導入で、社会福祉法人紅葉会の運営がスタートしました。

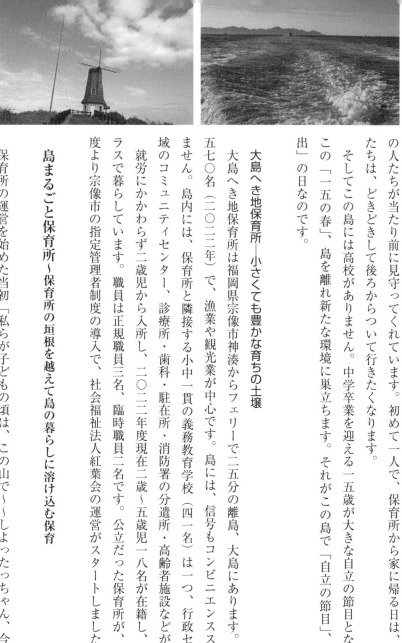

### 島まるごと保育所～保育所の垣根を越えて島の暮らしに溶け込む保育

保育所の運営を始めた当初「私らが子どもの頃は、この山で～～しよったっちゃん、今の子どもたちはどこで遊びようとか、あまり見かけん」「保育所や学校の時間になると、島の中で子どもの声が聴こえないのは、寂しい」と語るおばあちゃんの言葉に、心が動かされました。

あぁ！　これが島の願いだ。よし、もっと地域に出かけていこう。そして子どもたちだけでなく、私たち大人も大島の文化や歴史、自然を学んでいこう。

**【路地裏散歩】**　さっそく、保育所を飛び出して散歩活動を展開していきました。保育所周辺の家々の路地や脇道、鶏などの小動物に会いに行く、おじいちゃんの待つ縁側に立ち寄るなど、地域で暮らしを営む人との交流や暮らしぶりに触れるのです。「○○さん家の○○ちゃんは、よう（よく）挨拶しよんしゃあな。感心ばい」「この前まで家の前で泣きよったのに、この頃はさっさと歩いて、たくましくなった」「保育所で味噌汁をつくりよるげなね。玉ねぎを使いんしゃあな～とりにきんしゃい」と、地域がこんなに子どもの育ちや保育にあたたかなまなざしを向けているのかと感動しました。

忍者山の斜面登り

**【山遊び】**　近場には、子どもたちが名づけた「忍者山」があります。ここは五〇メートルほどの高さの急斜面があり、子どもたちは思い思いに斜面を登ったり、滑ったり。降りるときには勢いがついてしまうので、転がらないよう踏ん張る子どもたち。二歳の秋ごろになると、この足の踏ん張りがしっかりしてくるので、手や木の枝を大き

い子の誰かが「つかまって」と言って伸ばしてくれ、支えられながら見事に登っていきます。
ここには遊び心と発想が光る手づくりのハンモックなどが備え付けられました。ナタを使いこなし、遊び場を開拓していく大人の足元には見よう見まねで木の枝を運んだり、ツタを一緒に引っ張る子どもたちがいます。
その他にも、昔から魚の漁場を示す目印とする猫の耳のような形をした猫山があります。その猫山では、山の尾根を半日かけて縦断して歩くのですが、目印を見失うと大変。前を歩く人を見失いそうになると「ヤッホー！」と前の集団に声を掛けます。「あっ、あっちから、聞こえた」と、声を頼りに、迷子にならずに一所懸命歩いています。地域の人からは「あんな小さい子たちが……たくましい」と驚かれます。

## 子どもたちだけの買い物

日常保育でもいろんなところに出かけます。年長さんになると、地域のお店に自分たちだけでカレーの材料を買い出しにいくこともあります。「子どもたちに任せてみよう」と、大人は地域での子どもだけの体験を見守ります。地域にあるお店には、元保護者が働いているため、安心してお店でのやりとりも見守ることができます。登園で通いなれた道、日常的に家族で利用しているお店、見慣れたお店の人、行き交う人も島の人か島外の人かわかる距離感など、「自分たちだけで」の体験が安心して実践できる環境があります。つながりが深い地域の方々は、保育所が子どもたちの主体的な活動を大事にしていることを知っているし、地域の方も子どもの主体性を尊重したいと考えています。地

地域の方々に親しく見守られて

域の方は、「大島の子はみな宝」と言い、子どもが育つ暮らしの一つひとつの体験やかかわりをあたたかなまなざしで包んでくれているのです。

## 保護者もともに―地域に溶け込み、共に育て合い共に育ち合う

保護者は保育所と地域の交流を次のように語ります。「島のみんなに子どもが守られていると感じる」「いろいろな人と交流し、たくさんの方に愛情を持って日々育ててもらっているなと実感している」。そして、「外で会った時も、『今日○○しよったねー』と声をかけてもらえる」「島のみなさんに支えられているなと感じる」「いろいろな人から見守られ、声をかけてもらったり、ほめてもらったり」と、〝島全体での子育て〟が保護者にとってとても安心感になっていることがわかります。

こうした保護者の言葉に後押しされながら、敬老会などの催しの時にお招きするといった行事＝『特別な日』だけのかかわりでなく、もっと自然に、もっと日常的に、地域の暮らしの中でかかわっていきたいと、「散歩」を中心とした保育が深まっていきました。

「三歳になったら一人で登園」についても、子どもの自立の機会を地域が見守ってくれるこの環境は他にはない、と誇らしそうに語ります。そし

て「子どもが『自分で』歩いて帰るって言ったら、それを尊重してあげられるし、時には『歩かない』と言う気分の日もあるから、その気持ちも尊重してあげたらいいし」と、言います。子どもがその日の〝気分〟で、自分で歩くもよし、やめるもよし。そんなふうに子どもを認めて、子どもと一緒にあゆむ親子のあり方。ここには、何かに急き立てられることのない子どもの育ちがあります。

## 保育所の垣根を越えて～子どもたちの育ちの場

地域のあちこちに子どもたちの居場所があります。時には「雨の日に散歩に行って風邪をひかせるのでは」「イノシシがでるけん山に行くのは控えたのがいい」などと叱咤を受けて保育を見直すきっかけにもなっています。いいことも悪いことも含め、伝えあえる関係性は、保育の質を高めていくことにつながります。こうして子どもたちは保育所の垣根を越えて、地域の暮らしの中で多様な人とのかかわりを楽しんでいます。

## 学童保育はないけれど……

夕刻になると、子どもたちが漁師さんの働く波止場で遊びます。低学年と保育所の子どもたちが集まり、鬼ごっこやごっこ遊びをしながら、大人たちが仕事を終える頃まで遊んでいます。そんな中に「父親と魚をとってきた」といって、タボ（魚をすくう網）から取り出して見せてくれる子がいます。四年生になった今は父親からも仕事の中で「アテ」にされることが多く、その後ろ姿は一人前の漁師のようです。

「中学生が集まるとすぐにゲームをしていたのに、『みんなを呼んで鬼ごっこしよう』って小学一年の子も混じって鬼ごっこを始めた」「保育所で大事にしていることが、保育所の子どもたちだけじゃなく、小学生・中学生にまで伝わってきている」と、年齢の壁を越えて遊ぶ子どもたちの姿が、地域の人たちの目に映るようになりました。幼児期に保育を通して体験したことが、就学後の子どもたちの成長に確かにつながっていっていると思います。

卒園後、元保護者と話をすると、決まって「保育所の頃は、先生や親がなんも入らんでも、自分たちでケンカしても話し合いして、解決しよったよね」と、保育所の頃の子どもたちは、大人要らずで、自分たちでなんでも考え、解決して過ごしていたという話になります。

## 卒園しても保育所は子どもたちの居場所

小学校との交流も積極的に行っています。今年度はお互いに、今流行っている鬼ごっこやリズム運動の時間を合同で企画し、楽しみました。小学一、二年生が「生活科」の授業で「虫捕り」の交流に来たことがありました。小学生が「ぼくたちが教えるので、一緒に行きましょう」と挨拶を終え、草むらに到着すると、保育所の子どもたちがどんどんバッタやこおろぎを捕まえていき……小学生は教えることがなかったという結末の日もありました。

でも、その日は夕方、再びやってきて、虫捕りに没頭して、満足して帰っていったのでした。保育所の頃から異年齢でともに保育所で過ごしてきた仲間であるこの関係性は、就学後にずっと続きます。

夕方になると宿題を持ってきたり、なにかうれしいことがあると報告に来たり、いつでも保育所を自分たちの居場所にしている子どもたちの姿があります。

## 歩育士けんちゃんの子どもを見つめるまなざしの深さ

村長兼園長として前身の公立保育所にかかわっていたけんちゃんは、当時の保育（一九七〇～二〇〇五年頃）を振り返り「あの頃の保育所は安全に子どもを預かる場所であることが最優先だった」と言います。

二〇一〇年以降、自らを「歩育士」と名乗り、七五歳になる今も、探検隊長として保育に参画しながら「大人が監督して、ケガさせんようにって保育しよるだけやったら、子どもの能力や可能性に気づかなかったかもしれない。子どもは主体性を持っとる。可能性を持つ存在だってことをあらためて知った」「毎日のように探検や散歩や保育所の活動を通して、子どものモノ（自然、虫や生き物含む）を見る目が変わったと思う。バッタの名前はわかっても、バッタの捕まえ方や生態は知らない。それが、保育所の子どもたちと遊んで、子どもがすごいことに気がついた。真剣に見る、その目。捕まえるにはどうしたらいいか、考える。捕ったバッタの脚やら羽やらよく見る。見る・考える、この力がどれだけ必要か、子どもから教えられる」と話してくれました。

## 保育園単独の行事はありません―島の一員としての保育所

保育所では単独の行事はほとんどありません。お宮の春・秋まつりや山笠、全島運動会（巻頭口絵）

困ったときにはすぐ助っ人が

けんちゃんが竹でっぽうをつくり始めると……

や学校の文化祭など、地域の文化や歴史、季節の行事には、子どもも保育者も地域の一員として参画します。どの行事も、中学校から敬老会まで、世代を超えた実行委員会で運営されて、誰もがいろんな場面で「リーダー役」「縁の下の力持ち役」「相談役」などを担っていきます。これまでの歩みや歴史を、ともに今年の行事をつくりながら、次世代を担う青壮年が推進役を引き継いでいくのです。

## 困ったときはいつも相談

職員が不得手とする野菜づくりは、島で就農した農家さんに相談し、園庭の真ん中に畑をつくる挑戦が始まりました。今年で一二年のつき合いになる消防団は、六月の消防訓練の時には「保育所の排水管の砂除去」（ポンプで水を流す）を訓練の日程に位置づけています。

園庭の築山と泥団子に適した土がないか、山をもつおじちゃんに相談すると、すぐに「あそこの粘土質のが泥団子には、よかろう」と、仕事に都合をつけてくれて、一トントラックとユンボを出動させる運びとなりました。さらに「ちょっと手が空いとる人おらん?」と漁師さんに電話すると、数人がすぐに集まり、一日で築山ができました。

地域の中には、困ったときには頼ったり、頼られたりと、人とのつながりがあります。

地域と日常的に触れ合う散歩や便りから、地域のあちこちで子どもの育ちを語らうことが増えました。「子どもを育て合う」だけでなく「共に育ち合う」関係となっているのだと思います。

## 便利な暮らしはないけれど、家族や子育て仲間とつながり合って暮らす

### 島に嫁いだ母親を孤立させない

島で子どもを育てる保育者の一人智子さんは「あっ、あれがない」と思ってもすぐに買いにはいけないし、島には売っていないものが多い。だからこそ「創作料理が広がる」「惣菜やさんなんて便利なお店はないけど、子どもたちにおふくろの味を堪能してもらえる」「母親が知らないうちに、海産物の捌《さば》き方や食べ方を覚えている。先輩たちからいろんなことを教わり、勝手に育っていく（野生的）」と言います。

島に移住してきた哲さんは、「農業での収入を求めると厳しいけど、玄関に食べ物（海産物）が届く暮らしや、島の行事で忙しくしていると誰かが子どもを見てくれている。こんな安心はない。だから〝暮らし〟に〝欲〟をださなければ、困らん」と言います。さらに「掃除機を修理してもらったり。ふつう、掃除機が壊れたからって近所の人に相談しないよね。不便だからこそ助け合い支え合っている」のだと言います。現金収入では得られない、地域の結びつきが暮らしを潤しているのです。

今年度はコロナ禍で当園も感染症対策を強いられ、外部の方の保育所内への出入りを縮小せざるを

えませんでした。その折、元保護者や育休中の保育者が中心となり、地域の子育てを支えました。都合のつく人が都合のいい時間帯、浜辺などの三密にならない場所で、子どもたちの遊びや集い合い、リフレッシュできる、子育てを語り合える時間を工夫していったのです。

この発起やつながりは、「島に嫁いできた人が孤独にならないように」といつも誰かがアンテナを張って、心地よい距離感でつながっていく、島に嫁いだ母親たちが生み出した「つながる」力です。漁師である父親が夜、漁に出かけてしまうと、家では子どもたちと母親だけで過ごします。子どもの体調の急変、その時に本島まで受診する手段やきょうだいをどこに預かってもらうかなど、母親たちはここでの暮らしの中で、いくたびかこのような状況を経験していきます。この島の暮らしの中で、母親たちはつながりをつくりだし、よりよい子育て環境を自ら生み出していきます。

ほとんどの家庭は、近所に祖父母が住んでおり、二世代〜三世代までが地域で暮らしています。現代の便利な暮らしはないけれど、家族で過ごす時間がたっぷりあることが、この島の豊かさの根っこではないかと思います。

### 園便りの全島配布―島の子はわが子のように愛しい

地域全体を育ちの場として育つ子どもたちや職員の様子や保育活動を島の方に知ってもらいたいと、園だよりや卒園進級文集を全島配布にすることにしました。この取り組みは、紙面を通してなのですが、子どもたちの様子を垣間見ることを楽しみにしていてくれる方たちとの語らいや交流が生まれています。園だよりに子どもたちの様子を載せると、どこの子かわかるように「○○船の○ちゃん家の

一番下の子の〇ちゃん」って書いて！　とせがまれることもあります。我が子が島から離れた中高齢者にとって、この島で育つ子どもたちの姿は「我が子」のように愛しいと感じていることが語らいから伝わってきます。

　少子高齢化社会の中で、子ども同士のつながりや子ども同士で育ち合う機会だけでなく、大人が暮らしの中で見せる生き方やモノの機能や使い方を見る機会、真似てやってみる機会が少なくなりました。それは保育者・教師においても、「見て真似て育つ」経験をしていないことも課題としてあげられます。だからこそ多様な人とのつながりを経験する機会を大切に思います。本来この地域に根づいていた〝教育力〟があります。私たちは、この地域の中で「頼り頼られ」「持ちつ持たれつ」つながりながら、お互いの得手不得手を生かし合い、子どもたちと地域の中で育ち合っていきたいです。

## おわりに

　春の大島の海岸では、わかめが収穫期を迎え、家族総出で旬の収穫作業に精を出す賑やかな毎日です。この時期は決まって、「今日のお迎えは、〇〇ちゃんが来ます」と、お迎えを協力し合う姿が増えます。そんな光景を見て、支え支えられ、頼り頼られ合う関係があるからこそ、安心して「子育て」も仕事も楽しめるんだなと思います。

　保育所は二歳児からの入所ですが、近年、保護者の就労数も増え、一歳児からの入所の希望や一時保育など希望する声もあがっています。今、保護者や未入園児保護者、地域とともに語り合い、「子育てしやすい島づくり」のための知恵を出し合っているところです。

保護者のお迎えが近づく頃には「〇〇さんもかたって（参加して）」と呼ばれ（誘われ）、赤ちゃんを抱っこしたまま鬼ごっこに参戦するお母さん。ゼロ歳児から一〇代……三〇代、五〇代まで入っての「ケイドロ」（鬼ごっこ）が一時間も続く日もあります。またある日は、「コマ、回せる？」と職員のちいちゃんから声をかけられたお父さんが一人二人と加わり、子どもたちに交じって、コマを回し始めました。「手のせ」の技を披露するお父さん、見よう見まねで紐をまくお父さん、どの顔も「遊ばずには、いられない」といった表情です。こうしたひと時の中で、子どもだった頃に体感したあの「わくわく・どきどき」する感覚や遊ぶ楽しさそのものが呼び起こされていくのだと思います。

大島の暮らしに根ざして一二年。その間の保育で紡いできたものは、こうしたいつもの夕方のいつもの光景の中にあります。コロナ禍でこうした日常が少なくなり、あらためて「つながり合うこと」が、人の育ちに不可欠であることに気づかされました。大島の保育者は、「つながる」糸口をさりげなくつくる名人だなと思います。こうした「つながり」が生まれる環境を、保育を通してさりげなく生み出していくのです。「今日は、何したん？」「ちょっと遊んでいかん？」「〜、かたって」と声をかけ合い、これからも「どしどし」つながり合っていきたいです。

あっそうそう。保育所のお隣りのおばちゃんは、今日も保育所のフェンスに布団を干しています。布団を真ん中にして、おばちゃんと職員が語らっている。なんとも長閑《のどか》な風景です。

# そうだ！　いつもの森で運動会をしよう！

## 里山で子どもと一緒に保育をつくると

熊本県・あさひ森の保育園　**橋本志穂**

### はじめに

#### あさひ森の保育園──園児のほとんどは市街地からバス通園

熊本県八代市坂本町鶴喰《つるばみ》。球磨川の支流に広がる中山間地の集落にある定員五〇名の小さな保育園です。園児のほとんどが八代市内からバス通園のため、保護者は日頃の子どもの様子を見ることはありません。保護者と担任とが顔を合わすことが少ないため、全員に毎日連絡帳を書いています。

二〇二〇年三月、新園舎建築が始まることから園名を『あさひ保育園』から『あさひ森の保育園』に変更しました。『森』が入ったことで、〝この自然の中で楽しむ保育をしよう！〟と山や川、田や畑など里山での遊びを楽しんでいます。二〇二一年度、私は五歳児クラス（ぶどう組）一一人を二人で受け持っています。

## 行事のたびに振り返ってはみるけれど……──課題提示型の保育でいいの!?

今でこそ、里山で思いきり遊んでいる毎日ですが、それまでは各年齢の発達課題を記した年間保育計画をもとに月案、週案を作成していく保育をしていました。保育士が課題や保育内容を設定し、たとえば、その時の子どもの興味ある絵本と融合させ、ごっこ遊びを展開するなど、子どもたちが楽しみながら課題を達成できるよう、保育士も工夫を凝らし、できる努力をします。ところが、子どもたちの実態は多様です。保育士の願いやイメージ通りに活動してくれる子どもばかりではありません。「一人ひとりを尊重したい！」でも、「保育が噛み合っていない」……自分たちの保育への疑問が疲弊に変わっていきました。職員会議などでは、

「子どもを主体に、とは言うけれど、今の保育は子どもにとって本当はどうなのか」

「目標に向かう向上心は、行事でなくても日常の保育でも経験しているのではないか」

「課題がしんどい。自然の中にいるのに、これってどうなんだろう」

等々の意見が交わされていました。

園は自然豊かな場所にあり、春から散歩を楽しんだ日々を過ごしているのに、運動会や発表会が近くなるとそういう保育がぐんと減ります。とくに以上児は課題を逆算してそれを達成するには……と春からすでに運動会を意識した取り組みが始まり、その活動で一日が終わってしまった、なんてこともありました。

そんな中で、保育のあり方を変えたいと思い続けた私たちが、やっと一歩を踏み出した先に感じたことを綴りました。私たちと同じ悩みを持つ保育士の皆さんに伝わるものがあるといいなと思います。

## あさひ森の保育園の名前のとおり里山保育に

### プールより『川遊び』が大人気

あさひ森の保育園になってからは、里山で子どもと一緒につくる保育に変えました。五歳児クラス（ぶどう組）では毎週木曜日に子どもたちと「来週は何して遊びたいですか？」「順番に言っていこう」「温泉広場で虫とりをしたいです」「私はいちょうの森にいきたい」とそれぞれに意見を出し合い、どの日にどの遊びを入れようか、と自分たちで活動計画を立てます。意見を言い合う中で「え〜、その日はイヤだ！」「どうして？　理由を教えて」と主張がぶつかり合うこともありますが、「それじゃあ、この日にこれとこれを一緒にするのは？」「おっ！　いい考えだね」と折り合いをつけながら話をまとめていきます。「『明日はお母さんが休みだから、保育園をお休みしよう』と誘っても『明日は○○だから』と登園を選びます」と年長児のお母さんが連絡帳で教えてくれました。保育園での活動を楽しみに登園して来る……保育士にとってはこのうえないうれしい姿です。

**【たけのこ山】**　ご近所の方に山まるごとを使わせてもらっています。たけのこ掘りや七夕の笹を自分たちで切り、夏合宿では「川原でそうめんを食べたい」と竹を切って器にしました。たけのこ山での経験が増えると、「たけのこ山のてっぺんは？」「てっぺんを越えたらどこにつながっている？」と

教えて、森田のおばあちゃん

日中静まり返る新園舎

子どもたちの好奇心が膨らみ、ついに冬にたけのこ山越えを果たしました。

【川遊び】 プールより大人気！ 泳ぐことが苦手な子にとっても自分の安心する場所を選んで過ごすことができ、笑顔の多い時間です。「今日は〝お月見池〟に行こう」「行ったことのない川を見つけに行こう！川探検だ！」と子どもたちが大人を引っ張り、知らない世界を切り拓いてくれます。岩から岩へ、岩から川へ、勇気を出して飛び込む。浅瀬ではカニ、ヤゴ、アカハラ探し、魚捕り。自分の好きな遊びをめいっぱい楽しみ、興味関心を広げていきます。

【畑づくり】 鎌で草を刈り、鍬で耕し、畝をつくり……と子どもと一緒に一から取り組みます。育て方がわからないときは真向かいにお住まいの森田のおばあちゃん（小柄な八〇歳代の方）を尋ねて、教えてもらいます。草が次々に生え、虫が来ると子どもたちは「畑のお仕事〜！」と言いながら虫とりに夢中です。カラスやハクビシンがスイカやとうもろこしを食べてしまうと「どうやって守ろうか」「網をつけよう」「かかしは？」と知恵を絞るなかで、「ワラで隠すといいけど、ないなら川から茅《かや》を取ってきたらいいよ」と森田のおばあちゃんの知恵も借りました。私たちは何時間もかけてフーフー言いながら茅を運んで来ましたが、森田のおばあちゃんは一人で茅を刈り、ヒョイ！　と一輪車に山盛り載せて余裕の笑顔で運んでいました。アドバイス通り、茅で目隠しをしたのですが、子ども達の考えはというと「こっちの（畝《うね》）はあげられないけど、こっちはいい」と、ひとつの畝は動物に譲ると言うのです。大人は収穫することを目的としますが、子どもたちは普通に自然と共存していることを感じます。この年スイカは一個しか採れませんでしたが、その小玉一個の美味しかったこと！

ちなみにスイカへの接ぎ木からかんぴょうがたくさん成りました。野菜を育てるのも山菜や地の物を使ったお料理づくりも上手なご近所の中原のおばあちゃん（七〇歳代）に「もっと早く芽を取らんば！　スイカは成らんかもよ」と言われていた通りの収穫結果でした。せっかく採れたかんぴょうは給食の先生に薄く切って干して調理してもらい、海苔と一緒にくるりと巻いて、セルフ巻き寿司に大変身です。

こんな感じでほぼ毎日、山へ川へと時間を忘れて出かけるので、日中の園舎は静まり返っています。新園舎なのに、開園休業状態。子どもも保育士も園を飛び出し里山を満喫しています。

## 子どもたちとつくる運動会

### コロナ禍のなか迫り来る運動会―今までの運動会はもうできない！

こんな日々を過ごして二〇二一年の夏を終える頃、新型コロナウイルスの影響で休園を余儀なくされました。ちょうど新園舎での生活が始まるタイミングで、里山での保育の楽しさが打ち切られ、これからの生活への不安などで心身共に落ち込みました。休園の間、おのずと考えるのはこれからの保育のこと。こんな時代だからこそ、子どもたちには今を精一杯楽しんでほしいとさらに強く思うようになりました。

全園児がそろったのは九月後半。迫り来る運動会……これまでならもうすでに鉄棒、跳び箱、竹馬、縄跳び、棒登り、リズム表現、ごっこ遊びの展開を描くことに追われている頃です。職員会議では「運動会について、それぞれにどう考えているか」意見を出し合いました。みんなで意見を言い合う中で、私は「子どもと一緒につくる保育を実践しているのに、運動会だけ子どもの気持ちを聞かずに進めることはできない。毎日里山で遊ぶ保育をしているのに、運動会だけ切り取ったようにこれまでのようなことをするのは難しいと思う」と伝えました。ありがたいことに、園長も私たち職員の考えを受けとめて、一緒に考えてくれました。

コロナ禍で未満児クラスの運動会は中止に。三・四歳児クラスはこれまでのような課題を達成する運動会ではなく、「お父さんお母さんと一緒に遊びたい」という子どもの願いに沿った保護者参加型のごっこ遊びを園庭で行うことになりました。

### そうだ! いつもの森で運動会をしよう!

五歳児クラスの運動会については、いつものように子どもたちとの話し合いで決めさせてもらいました。

保「もうすぐ運動会だけど、どんなことしたい? どんな運動会にしたいかな?」

子「自分たちが楽しい運動会にしたい」

「鬼ごっことかドッジボールとかしたい」

「今までのぶどうさんは竹馬とか跳び箱とかしてたから、してもいい」

例年取り組んでいた活動が出てくることは自然なことです。

保「竹馬とかできるようになるにはいっぱい練習する時間がいると思う。みんながしたいなら、先生たちは手伝うけど、どうしようか？」

子「遊べなくなるのはイヤだな」「したい遊びをしよう」「自分たちが楽しいことをしたい」

「お父さんやお母さんが来るなら対決したい！」

「連れていくなら〝がくゆうの森〟がいいな」「でもこのことは秘密にしたい」

など、心躍るような意見が次々と出てきました。

「がくゆうの森」とは、鶴喰の環境を考え、守ってきた団体『鶴里ぶんぶん夢クラブ』の井本さん達が一〇年以上かけて少しずつ手入れをしながらつくられた、子どもたちが気楽に遊べる森です。園から歩いて二〇分位。子どもたちは四季を通して遊ばせてもらい、地域の方の恩恵を受けながら育っています。井本さんはお孫さんがいらっしゃる年齢ですが、保育園の卒園児ということもあり「井本センパ〜イ」と呼んでいます。

「夏合宿の時も自分たちでやりたいことを計画したでしょ。そんなふうに自分たちでしたいことを決めて、用意をしてみない？」と保育士から提案をすると「できる！　いいね！」「山でかけっこもしたい」「山登りかけっこだね」「お宝さがしとかは？」「ヒントを考えたらいい」「お母さんたちはがくゆうの森に行ったことないから、行き方がわからっさん」「じゃあ、まず森まで連れていこう」「途中でオタマジャクシとかゲンゴロウ見せたらいいんじゃない？」「カマキリとかバッタもね」「どんぐりとか松ぼっくり、栗探しもできる」「森で木登りもしたいな」「子ども対大人で対決したい。子どもが勝ちたいよね」「山登りかけっこする？」「だるまさんが転んだとか鬼ごっことか。ドッジボールとか」「森を飾って、ゲームの用意しよう！」……子どもたちはやりたいことでいっぱいです。

### 保護者の反応—これまでの運動会のほうがいいのに……

『私たち保育士は日々の保育同様、子どもたちと考え、決めた内容の運動会をしたい』。保護者の理解を得るために、その旨を記載したプリントとそれを読んでの感想用紙を配布しました。長年、これまでの園の保育内容に賛同していた保護者の中には「例年通りの運動会を期待していたのに」「先生方の考え方も理解できるが、それが子どもたちが考えて楽しんでできる内容にあたるのか？」「運動会を見て入園を決めたのに」という感想が多く、「これでいける！」と確信していた私たちもさすがに落ち込みました。

それでもあきらめずに、これまでのプロセスをクラスだよりにていねいに掲載し、連絡帳ではその子の成長を感じられる場面のお知らせをし、子どもたちとつくってきた保育を深く知ってもらうように努めました。子どものつぶやきに耳を傾けるという保育の視点は以前から変わらず大切にしてきたところでもあるので、私たちはよく見聞きし、里山で遊ぶ中で子どもたちが心も体もキラキラと動いている姿を保護者に丁寧に伝え続けました。子どもにとって本当はどんな保育が必要なのかを体感し

『ぶどう組　みどころ集　～みんなあつまれ！　ひみつのだいぼうけん～　ぶどう組担任　橋本志穂・中山理絵』より抜粋
（前略）大人の方が経験も知恵もあるので、先を読み、子どもをそこに導いていくための逆算をして誘導することは大人にとってもスムーズです。子どもにとっても何も考えないで言われる通りに動くだけで実に無駄がありません。でも私たち保育士はやっぱり、子どもたちが自分らしく笑ったり、悩んだりしながら得るものを大事にしたいと考えます。（後略）
☆9月29日（水）～お気に入りの遊びは決まったかな？～
今日も畑の草取り後にがくゆうの森へ。子どもたちの体力はすごいです。森を飾るための布を木に結ぶと、あっという間に遊具に変わり、ブランコを楽しんでいました。1人乗り→立ち乗り→2人乗りと工夫が見られます。この日は丸太と板でシーソー遊びが流行り、「先生は、子ども3人より重い」と考える力が嬉しいやら、体重を測られて恥ずかしいやら、複雑な気持ちになりました。何人で乗ると傾くのか、真ん中に行ったらどうなるのか、考え体感し、ちょっとスリルのある場面になると大笑いをして盛り上がっていました。

た分、それをどうしても伝えていきたいという思いがありました。

お父さんとお母さんを招待しよう―『みんなあつまれ！　ひみつのだいぼうけん』

全保護者の理解を得ることはできませんでしたが、園全体で前に進むことを決め、日々の保育の中に運動会を位置づけていくことにしました。
やる、となると大人はどんなことをするかを決めがちです。ただ、子どもたちと一緒につくっていくと、とにかく遊ぶ、遊ぶ……でいつまでも決めてくれません。毎日おもしろいことの連続で、昨日の続きやその先の展開を楽しみ、おもしろさを追求します。保育士としては最終目標があり、そこに向かって取り組むという形が体に染み付いているので、早く決めてほしいのですが（園長からも会議で「年長の進捗状況は？」と〝請求〟がくるのです）。子どもたちから言わせると、そんな型にはまった生活はおもしろさの欠片もないようです。前例のない取り組み、先の見えない展開に不安になります。でも、子どもと一緒につくる保育をする！　と誓った私たちは、とにかく子どもを信じて待つことに徹しました。時間に追われたり、決められたことを押し付けられたりすることがないので、どの子も満足するまで好きな遊びを楽しみます。楽しんだあとには発見の連続。子どもの興味は膨らみ、周りの子どもたちにも遊びが広がって……と互いの遊びが影響を与え合います。遊びを満喫し、遊び方に大きな変化がなくなった頃、「そろそろおうちの人と何をして遊ぶか決めよう」と提案をすると、これまで遊んできた中から、内容とネーミングが決まりました。

二〜三日かけて考えて意見を出し、子どもたちから出てきたワードを並べると、『お父さんお母さん、子どもたちが集まる』『がくゆうの森とは言いたくない（隠したい）』『運動会とは言わない』『わくわくどきどき』『楽しめる遊びをする』『冒険してるみたいな気持ち』等々。

これらを練りに練って、**『みんなあつまれ！　ひみつのだいぼうけん』**で決定しました。リズムがよくて、つい繰り返したくなる素敵なテーマになったと感じます。

## 保護者も汗と笑顔いっぱい楽しんだ〝だいぼうけん〟

遊びながら子どもたちがつくったぶどう組オリジナルプログラム

▨『ぼっちゃん』　がくゆうの森の水場にある穴に石を入れて競い合う
▨『やまのぼりかけっこ』　山の斜面を利用して

「ここはお父さんにはかんたんすぎかもしれない」「じゃあもっとむずかしいコースがいいかな」「でもお母さんはきついかな。かわいそうかも」「かんたんなのとむずかしいのにしよう」

けっきょくコースを選んで親子で走って対決する、という工夫をしました。

■『木の実入れゲーム』　森で見つけた松ぼっくりを集めて投げる

がくゆうの森までの道のりでツルツルの椿の実を見つけ「これ、木の実入れゲームにいいんじゃない？」「投げて当たっても痛くないし」とたくさん集めました。その後、がくゆうの森の中で見つけたチクチクする松ぼっくりを「これはお父さんたちの投げる木の実にしよう」「これだったら、子どもが勝つばい」「イヒヒ～！　ひみつね～」と当日まで秘密に。大人の反応を楽しみに、木の実にも差異をつけ、投げ入れる先も大人のはすご～く高く、子どものはすぐそこ、という知恵を発揮しました。

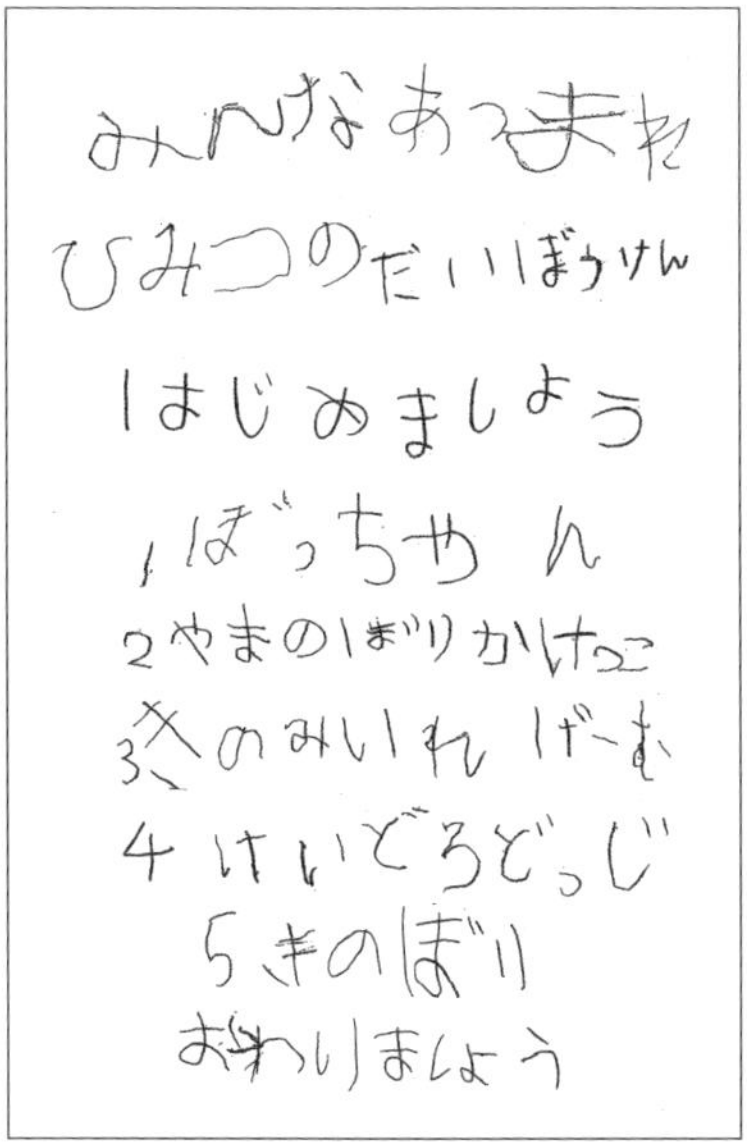


プログラム　裏にすると招待状

■『けいどろドッジ』　いつもやっている鬼遊びとドッジボールを組み合わせた遊び（口絵参照）

■『きのぼり』　がくゆうの森の中の好きな木を選んで登る

する、しないは本人の自由。いつも遊んでいるがくゆうの森だからこそ、考え出せる内容だと感じます。

プログラムの中身だけでなく、「どこで待とうか？」

「あれ？　おうちの人はどうしたらいい？」「何かないかな？」「おうちの人は二人ずつくらい来るよね」「これにこうして……」と以前がくゆうの森で遊んだ板渡りの遊びと同じ組み方をした板を用意し、「よし、何人座れるかしてみよう」「入らない。もう一つ！」と準備面でもよーく考えていました。鶴里ぶんぶん夢クラブの井本センパイに許可をもらい、ふだんからいろいろな資材を遊びにも使わせてもらった経験が活きます。

子どもの遊びにとことん寄り添うと、保育士が想定した課題にたどり着かせようとせずとも、自ずとさまざまな試練や課題にぶつかり、葛藤して、工夫をしながらそれこそ「主体的に」くぐっていくものなのだ、と実感します。

プログラム用紙も自分たちで五十音表とにらめっこしながら書きました。裏にはおうちの方にそれぞれにメッセージ（「きてね、やまのぼりかけっこ、しょうぶだ！　がんばってね」など）を添えました。本番一週間前にそれぞれのおうちに持ち帰り、招待状という秘密のプレゼントに変身です。

### 当日は子どもはもちろん保護者も私たちも楽しい時間を満喫しました

これまでのプロセス、子どもの心の動きなど保護者に伝えられることは伝えて、当日を迎えました。保護者も子どもたちのいつもの散歩のように二〇分歩いてがくゆうの森へ行きました。

『やまのぼりかけっこ』では本気を出して勝負した結果、転んでしまったり、見事子どもに勝ってハイタッチでよろこび合うお母さんたち。『木の実入れゲーム』では「これずるい～」「絶対入らん！」と松ぼっくりのチクチクと高さへのクレーム。『けいどろドッジ』では大人であることを忘れ

きのぼり

やまのぼりかけっこ

て強くボールをぶつける等々、大人も子どもの頃に戻ったように生き生きと輝きます。ドッジボールの最後には、さすがに子どもたちに勝たせてくれるやさしいお父さんたちの姿もありました。そこでは大人が教えたり導いたりすることなく、参加した誰もが安心してそのひとときを楽しむ姿がありました。まさに日々の保育と同じです。日々の保育の楽しさを保護者の方にも体感していただき、保育士も同様にリラックスして楽しめた一日となりました。

最後に子どもたちから手づくりバッグのサプライズプレゼント。当日まで秘密を貫いたこともあり、「パパはお仕事に持って行ってる。これを使うと力が出るんだって」「もったいないから使えないって、大事に飾ってくれてるよ」とプレゼントもよろこんでもらえたことを、後日子どもたちがうれしそうに報告してくれました。これまでは子どもがプレゼントをもらうことが当たり前でしたが、今回はその真逆で、がくゆうの森に来て一緒に遊んでくれた保護者へ〝ありがとう〟の思いを込めてつくった分、思いが伝わったと感じます。

### 保護者の感想が大逆転―子どもとつくる保育の確信に

「自分たちで考えたとは思えない」「運動場ではなく森の中でこんな楽しい運動会になるとは思っていなかった」「自分たちだけでなく親も楽しませたいという気持ちがすごく伝わった」「みんなで楽しい時間が過ごせた。子どもたち自らアイディアを出し、準備をしてカタチにした運動会でしたね」「子どもたちの遊びの日常も見ることができ良い機会でした」……『ひみつのだいぼうけん』を終えての保護者の感想は取り組み前とは大逆転。私たちも里山で日々を楽しみながら子どもと一緒につくる保育への確信を得ることができました。

## この保育はやめられない！

### 保育園を飛び出すと子どもたちが地域の方と保育士を結んでくれます

里山の保育は子どもも保育士も保護者も地域の人も、みんなが幸せに過ごせる時間です。散歩をすれば、おじいちゃんやおばあちゃんが声を掛けてくださり、子どもたちも地域の方も笑顔の交流が広がります。

毎日お堂さんの掃除に精を出し、五月にはたくさんのこいのぼりを飾って地域を守ってくれる宮川さん家族。宮川のおじちゃん（六〇代）とお兄ちゃん（息子さん、二〇代）は合鴨やエミューとの触れ合いに誘ってくださいます。市内在住で受け継いだ梅畑を定期的に管理されている寺岡さん（六〇代）には今年も梅収穫をさせてもらい、先に紹介した中原のおばあちゃんと森田のおばあちゃんにもらったシソとコラボして赤梅干しが完成。井本センパイ（七〇代）のがくゆうの森、地域を活性化するアイディアマンの集まり「農事組合法人鶴喰なの花村」の松村さん（八〇代）、早川さん（六〇代）のご協力で、親子で田植えと真っ黒どろんこパーティー（泥んこ遊び）をしました。園を飛び出すと、子どもたちが地域の方と保育士を結んでくれます。

私たちの園では、運動会、発表会をなくして、四季に応じて子どもの遊びを共に感じる〝親子里山体験〟を年に四回程実施することにしました。大半の保護者の方が市街地に住んでらっしゃるので、体験を通して里山の生活の楽しさ、豊かさ、子どもたちの日常を感じていただきたい。そして、この地区の暮らしの応援団になってほしいと願っています。まだまだ里山保育初心者の私たちですが、これからもこの鶴喰地区で子どもと一緒に楽しい日々をつくっていきたいと思います。

誰しも保育士になりたいと思ったときに思い描いた保育のあり方が今やっと実現できているところです。もうこの保育はやめられない！　行事ではなく日々の保育こそが育ちの場。そこを大切にする保育ができる環境が、私たちのいちばん近くにあったことに気づかせてくれました。

鶴喰みんなでお堂さん祭り

井戸端会議がはじまります

# 廃校に保育園児の笑い声が

変わらぬ景色がそこにある。守り続けることがみんなの元気につながる

三重県・みどり保育園　倉世古久美子

## 伊勢市の片田舎、廃校になった小学校が保育園に

市街地から車で三〇分ほど山間部へ走ると、いっきに広がる田園風景。「えっ、こんな所に保育園？　小学校？？」それが我がみどり保育園。ここ矢持町に、かつては一学年三〇～四〇人ほどの児童が通う矢持小学校がありました。しかし過疎が進み、一九七八年に廃校となり、隣接していた中学校分校も市内中学校へ統廃合されました。「小学校がなくなり、子どもたちの声がしなくなれば地域住民の元気もなくなる。ますます過疎がすすみ、地域はどんどん寂れていく」と懸念した初代園長は、自然豊かなこの里山で、子どもたちがのびのびと過ごせ、地域に活気を戻そうと、認可定員六〇名の保育園を開設しました（一九七九年）。伊勢市の協力を得て通園バスを走らせてもらい、市内の子ど

廃校後の建物が園舎に

小学校時代のピアノもそのまま

もたちを矢持町に集め、再び子どもたちの元気な笑い声が矢持町に戻りました。地域のお祭りに参加するのは当たり前、運動会をやれば、村民大会のような賑わい。景品もたくさんあって、子どもたちとその保護者、地域住民が一緒になって楽しめる行事がたくさんありました。そのようなどこにでもある田舎の保育園で過ごす子どもたちと地域住民。それから四〇年を経て、今の世帯数は四〇軒ほど（二〇二二年）。空き家がたくさんでき、住人ほとんどが七〇歳以上という、限界集落（人口の五〇％以上が六五歳以上）間近な地域となっています。

二〇二二年度は、利用定員四〇名で二二名の園児が過ごしています。ゼロ歳児二名・一歳児二名・二歳児四名の乳児クラスと、三歳児四名・四歳児七名・五歳児三名の幼児クラス。一九五六年に建てられた校舎（園舎）は、当時の小学生の落書き、古い傷、ねじまきのボンボン時計、小1・小2と書かれた掃除道具などがそのまま残っていて、とてもノスタルジックな雰囲気。ミルク入れを花瓶に、二人用の勉強机も玄関の飾り棚にしてみたりして、当時の備品もいいように再利用しています。この古くもあり、懐かしくもある園舎で、令和生まれの子どもたちが元気に過ごしています。

園児数は減りましたが、今も変わらず子どもたちの笑い声は矢持町に響いています。変わったのは……年老いた地域住民。運動会や発表会にお誘いしてもなかなか参加してもらえず、園児との交流話を持ちかけても、「みんな年とったからなぁ。保育園まで行くのも面倒さ。もう自分たちが生きていくのが精一杯さ」と話す区長さん。いつしか散歩に出かけて声を交わすぐらいになりました。

## みどり保育園の夏は最高~自然流水プール

春は野草（ユキノシタ、タンポポ、スギナ、ヨモギ等々）を摘んで天ぷらにして食べたり、秋は山へ登ったりします。山あいなので、冬にはつららができることも。つららの中には枝や葉っぱが入って、自然の芸術作品に驚いたりしています。

みどり保育園の夏はとくに最高！　保育園の前には、幅一〇メートルほどを堰止めた緩やかな流れの川があります。これが当園の自然流水プールです。川では子どもたちのレベルに合わせて遊べます。水が苦手な子や乳児さんは、川辺でおたまじゃくしやカニを見つけて楽しみます。カニの産卵シーンに立ち会ったこともあります。大胆に遊びたい子は、大きな石の上から飛び込みます。はしゃいで遊ぶ子につられてどんどん水にも慣れ、涼しくなってきた頃には大満足で夏の遊びが終了できています。

年長になると、釣り（細い竹に糸と針をつけた簡易的な竿）をします。釣りと言っても、子どもの膝丈ほどの深さの場所ですが、カワムツがよく釣れるんです。餌は小麦粉（賞味期限切）やパン（食べ残し）を小さく丸めたもの。釣れた魚を針から外す時が難関です。それもだんだん素早くできるよ

田植え前の田んぼで泥遊び

小さい子なりに川遊び

うになってきます。なかなか取れない時、血だらけの魚に「ごめんね。もうちょっと頑張って、頑張って」と声かけしている優しいひかる君。釣ることよりも、パンをちぎって餌やりが楽しいしゅうや君。釣り活動ひとつにしても、自分のやり方で遊べています。また年長児が釣った魚は、小さい子どもたちの遊び道具。乳児でもブルブル動く生きた魚を平気(ちょっと気の毒な魚たち)でつかんでいます。「また明日遊ぼうね」とその日に放流します。もちろん自然相手の遊びなので釣れない日もあります。残念な顔をしている子どもたちですが、しかたがありません。不満気な子が「賞味期限がきれた小麦粉やであかんのと違う?」と、餌のせいにされたこともありました(笑)。自然の中での保育は与えられたおもちゃではないから、失敗しても大丈夫。壊して怒られることもない、できなくても再チャレンジ、みんなが楽しければそれでいい。

里山での体験は、たくさんの発見で心がワクワクします。ゼロ歳児だって川に行き、一歳児も山に登ります。焼き芋やお釜で焚き物をする時は、山で枯れた杉の枝や木切れを探してくれる年中・年長児。枯れた杉の枝や松ぼっくりは火付けに最適なことを知っています。日々、子どもたちの〝自分ができる〟〝自分がしたい〟に合わせて保育をすすめられています。給食の時間なのにおかまいなしで夢中で遊ぶ子どもたち。

「え〜よ、ようけ遊んでおいで」と理解ある給食の先生の存在もあります。

園にはこんなふうに子どもたちの自主的な活動を優先したいと考える保育仲間が集まってきています。園児数が少なく運営は厳しいですが恵まれた職員数。そして目の前の大自然があるから、心穏やかに子どもたちに向き合えています。

## 子どもって、ただそこにいるだけでお年寄りの心を動かすんです

### 田んぼでは、「こりゃあかんわ!」

幼児さんに田植えをさせたいと日頃から思っていました。農家の方にとって、大切な田んぼに子どもたちが踏み入るなんて迷惑だろうと、なかなか言い出せなかったのですが、子どもたちの食育のためにと田植えをお願いしてみました。案の定、二つ返事とはいきませんでしたが、なんとか誠一さんちのたくさんある田んぼの一つで田植え体験をさせてもらうことになりました。矢持の歴史は誠一さんに聞いたらなんでもわかるっていうほど、地元の名士。誠一さんは子どもたちにもわかりやすいように、「さなえちゃん(苗)をとって植えます。ひとり(一本)やと寂しいで二つ三つ一緒にとって植えたってくださいい」と丁寧に教えてくれていましたが、苗を束で置いたり、尻もちをついたり、大騒ぎの田植えでした。埒(らち)が明かない様子に誠一さんの奥様は苦笑い。「こりゃあかんわ〜」と笑い転げていました。「また後で直しとくで、ええんな」と言ってくださり、ちょっと安心しました。秋には稲刈りのお誘いをもらい、子どもたちはカマをもって稲刈りもしました。

## 畑では、いいとこどり

そんな体験をきっかけに、「地域のお年寄りと一緒に保育園の畑をつくりたい！」と提案を持ちかけました。しかし返ってきた言葉は、「そんなかんたんなことじゃないさ」「猿やイノシシがやってきて、みな食べられるさ」「ここら辺のみんな獣害に悩まされとんのや」「それに、もう年とっとるでえらいわ（もう年をとったからしんどい）」と取り組む前から尻ごみ。これはなかなか手ごわい。

それでもなんとか保育園の裏の玉木さんが休耕田を貸してくださり、本格的に畑づくりを始めました。まずは畑の周囲を鉄格子で囲む作業と土を起こす作業。「若い保護者は畑のことわからんで教えたってな～」と半ば無理やり地域の方にも来てもらい、畑づくりをしました。その時子どもたちは？とくに何もせず、「畑つくってくれてありがと！」と呑気にお礼をいう程度です（笑）。そしていよいよ苗植え。準備してもらった畑に登場した子どもたちは、まったくいいとこどり。野菜の苗はナス・きゅうり・トマト・プチトマト・枝豆・落花生・トウモロコシ・カボチャ。保護者や農家の方と一緒に次つぎに植えていきました。農家の方が植え方を教えると、見よう見まねで一生懸命植えようとする子どもたちの姿を笑顔で見守る保護者の様子がありました。

## ゆきこさんの心をつかんだ二歳児ひでのり君

苗植えを終えた後、保育室でお昼ご飯を食べていた時です。ゆきこさんがおもむろに話し出しました。「私のそばへ桃色の帽子をかぶった子（ひでのり君）が一人来てなぁ。このエプロンの端をつかんで、何にもしゃべらんけど、ずーっとおんのさ（いるの）。それが、かわいてかわいてなぁ（可愛くて可愛くて)。」と笑顔いっぱいになっていました。ゆきこさんは七六歳で、おうちはいつも綺麗にされていて几帳面なおばあちゃん。話し方も優しくて、品のいいべっぴんさんです。なんと子どもたちが荒らした(?)田んぼの持ち主誠一さんの奥様です。きちんとされている方ですから、きっと見ていられなかったかもですが、子どもたちの出来栄えに笑ってもらえて何よりです。子どもって、ただそこにいるだけでお年寄りの心を動かすんですよね。

畑の作業 「猿と半分こすればいいやん」

それからも畑ではいつも子どもたちの声がワーワーしていました。すると通りすがりのお年寄りが「実がなってきたか?」「草も引かなあかんなぁ」「猿はきやへんか?」と声をかけてくれます。時には誰もいない畑の横に軽トラックを止め、草取りや野菜の誘引を確認してくれたりしています。お年寄りたちが子どもたちの畑を気にかけてくれているのです。

## 猿と半分こしよう

そんな矢先、これからたくさん収穫ができるだろうと思っていたら、猿がやってきて畑を荒らしていきました。いよいよ電気柵を付けて対策をすることになりました。職員ほどショックを受けていなかった子どもたちですが、それでも事実を伝えなければなりません。猿が自分たちの畑にいたずらをしに来たことを担任が伝え、入れないように電気を通すことを話しました。その時、『子どもたちにどのように話そうか……。猿は悪者？　そうではない……』。担任は悩んだようです。子どもたちの感じ方はいろいろでした。「猿もほしかったんやに（だろう）」「半分こすればいいやん」「柵の外に野菜を置いといてあげようか」そんな優しい声があってちょっとうれしかったことを覚えています。

## 地域を元気に！　元気は伝染します！

### お年寄りに話を合わせる子どもたち

たくさんでき上がった野菜を畑づくりのお手伝いをしていただいた方にお裾分けをすることにしました。箱詰めをし、『としひろさんへ』『みちこさんへ』などと書いて届けに行きました。誰が野菜を持つか、誰が声をかけるか、子どもたちが自分たちで役割を決めて自主的にやっていました。

保育園から歩いて行けるところにおうちがあるとしひろさん。としひろさんはこの地域ではだんぜん若手の七〇歳。木工が得意で、園庭のベンチもお願いしたら素敵につくってくれました。子どもたちは箱に入れた野菜を持って訪ね、庭先から「こんにちは」「おじゃまします」「野菜がたくさんできたので食べてください」と声をかけました。縁側から顔を出したとしひろさんは「野菜はうちにもいっぱいあるけど、これはおいしくいただくわ」とよろこんで受け取ってくださいました。

子どもたちは「さぁ、次はたかおさんの家や～。おるかな～」と張り切っています。たかおさんちは保育園から三キロ先。車に乗って行かないといけません。子どもたちとお届け物を乗せて出発。た

お裾分け

ひ孫自慢をするたかおさん

かおさんちを見つけて、「ここや、ここや」。そして声をかけると、「まぁ、よう来たな～」と迎えてくれました。そして、子どもたちのお届けものもそっちのけで、おもむろに何枚かの写真を取り出したたかおさん。それはたかおさんのひ孫さんの写真。そしてなが～いひ孫の自慢話が始まりました。「へぇ～かわいい赤ちゃんやなぁ」と、とりあえず話を合わす子どもたちに思わず笑ってしまいました。

　今度は畑を貸してくれたお隣の玉木さんち。夏休みだったので田舎に遊びに来ていた小学生のお孫さんがいました。子どもたちは初対面のその男の子に「畑でいっぱい野菜が採れるよ。一緒に採ろや」と誘っていました。畑では野菜をハサミで刈り取る姿を見せ、「こんなふうに採るんやよ」と手取り足とり。保育士が声かけしなくても、自然にそんな言葉をかけて積極的に行動している子どもたちに、玉木さんもその小学生のお母さんも、そして職員も驚きました。里山で過ごす毎日で、子どもたちが出会うすべての人たちとのかかわり合いが「人を思いやれる」「ものおじせず自然と話せる子ども」の姿につながっているように思います。いつの間にかこんな社交的な子どもたちになってたんですね。

今日の「おしながき」

レストランのお客さん同士で自己紹介

## お食事代三五〇円の保育園レストラン

そこで人懐っこい子どもたちの力をもう一つ借りようと、月に一日限定のレアなレストランを始めました。私の提案に初めはびっくりしていた職員も「ここにはひとり暮らしの老人が多い、ひとりでお昼ご飯食べてるのかな～」「行事への参加も億劫、でも子どもたちの笑顔があれば来やすくないかな」「ひとりで食べるより、誰かと話をしながら食べるご飯はおいしいよ」「孫がいなくても、誰でも気軽に来ることができる保育園はいいよね」と意見がでて、『やってみよう～』とオープンすることになりました。

レストランの設定は、園長＝オーナー、保育士＝店長、調理員＝シェフ、年長組＝ウエイター&ウエイトレス。メニューはその日に園児が食べる給食。たまに、畑や山で採れた野菜がついてくることも。特別な時は、シェフがスペシャルなメニューを考えてくれます！　お食事代は三五〇円均一。お年寄りをご招待する食事会ではないし、本格的なお料理を提供できるものではない。来客もレストラン側もお互いが気を遣わず、長く来ていただくことができる金額設定。そして年金暮らしのお年寄りが、お出かけランチするならこれぐらいかと考えました。材料発注のことも考えて完全予約制に。

地域交流の一環で始めた活動でしたが、代金をいただくことで、営業許可も取ることになってしまった本格レストラン。決してレストランごっこではなく、真面目なレストランです（笑）。

## お年寄りの居場所・子どもたちのよりどころ

いつも保育園の畑の草を引いてくれるきそえさん。畑では、菅笠でモンペ姿。八〇歳を過ぎても、腰が曲がっていても、自転車にカマとくわを乗っけて颯爽と走っています。そんなきそえさんは、九〇歳になるご主人と一緒にご予約いただきます。レストランに来る時は首にストールを巻いて口紅をつけておしゃれをしてきます。ジャケット着用のご主人と共に。毎月のレストランオープンの日を、台所のカレンダーに丸を付けているきそえさんです。

毎回帰り際に次のご予約をしていく松谷ご夫妻（七〇歳ぐらい）。絵本や紙芝居の読み聞かせをしてくださいます。「今度はどのお話にしようかな」となじみの本屋さんで楽しそうに選んでくださっているとのこと。本選びに訪れる松谷さんがどんどん元気になられるので、店主さんもびっくりされていたようです。

畑づくりにはこだわりがあって、「ここは、こうしなくちゃいけない」とリードしてくれる角さんは六六歳。口は悪いけど子どもたちと遊ぶのが大好きな角じいちゃん。竹細工をさせたら天下一品。毎年卒園していく子どもたちに竹とんぼをプレゼントしてくれます。角じいちゃんも、レストランにときどききてくれます。来たら必ず何かを披露。水を入れた袋に穴を開ける手品は絶対失敗するので、下にいた私やお客様は案の定水浸し。でもハーモニカはすごく上手で、その演奏で歌うお客様。じいちゃんも満足気です。

レストランでの子どもたちは「三五〇円いただきます」とお食事代をもらい、エプロン・三角巾をつけて、お盆に載せたご馳走（給食）を「どうぞ」と配ります（口絵参照）。最後に「ごゆっくり～」と部屋を出て行きます。これで任務完了。これだけのお仕事です。

保育室での活動は、何をしてもゆっくりペースのりゅうた君。でもレストランのお仕事の時だけは、ニコニコし生き生きしています。その様子を感じとった担任と話をしたら、「レストランのお客様は、子どもに合わせてくれるんです」「あわてなくてもいいし、時間に追われることもないのです」と気づきました。一年間頑張った年長さん。年度の終わりには、集まったお食事代で年長組から在園児へ遊具を買って「大事に使ってね」と引き継いでいきます。

子どもの声が聞こえ、廊下をハイハイする赤ちゃんの姿を横目に、昔話を楽しむお年寄り。時には、廃校記念誌を一緒に見ながら、「これ私や」「横におるんあんたと違うか?」と小学生だった自分たちを見つけて笑い合っています。

保育園レストランは、子どもたちにとっても、お客様にとっても、私たち職員にとっても、ゆったりまったりする居心地のいい空間です。常連さんを含めるとこれまでにたくさんの方が来店されました。なんと延べ六六〇人。皆様にレストランでの時間を楽しんでもらえ、新しい出会いも生まれ、レストラン活動を取り組んでみてよかったと思っています。

プレゼントを手に「おおきんな」と微笑むみちこさん

## 子どもたちからのお誕生日プレゼントが軽トラに

近年、感染症が広がりレストランは休業をせざるをえませんでした。来てもらい飲食できないなら、出向いて行こうと、年長組が一軒一軒訪ね、「名前なんていうの？」「お誕生日はいつなん？」と聞いて誕生日にプレゼントをもって訪問しました。

保育園の前のみちこさんは「こんなプレゼントもらったことないわ」と、すぐに首にネックレスをかけてよろこんでくれました。みちこさんからお返しにいろがみをもらう子どもたち。また、ちずこさんちでは、訪ねただけでお菓子をいただいて、ラッキー！　ちょっと耳の遠いこうじゅさんはもう八八歳。園で飼っているイモリの餌のミミズを捕ってくれるおじいちゃんです。こうじゅさんの軽トラには、子どもたちからのプレゼントがぶら下がっています。子どもたちがおうちに行くことで、お年寄りたちとつながることができ、お互いが心地よい時間が持てたように感じます。

## 子どもたちにとって第二の故郷。変わらない景色を守りたい

毎日のように散歩している子どもたち。「こんにちは〜」と元気な子どもたちの挨拶。「ヒルに気をつけないな」「ミミズ掘ったろか」「ムクロジの実を置いといたるでな」と話しかけてくれるお年寄り。特別子どもたちが何をするわけでもないけれども、お年寄りがいて、子どもたちの笑い声があって、その間に保護者がいて……。どこか忘れかけていた暮らしと育ちの原風景にも思います。そんな里山での暮らしの中で、生きていく楽しさ、保育をしていく楽しさを感じています。

今のみどり保育園は、卒園した子どもたちが、お父さんお母さんになって子どもを預けてくれています。半数以上の子どもたちが二代目。自分が育った里山で我が子も過ごさせてあげたいと思ってもらえていることに喜びを感じます。

いつか大人になって訪れてくれた時、懐かしい園舎があり、変わらずここに子どもたちの笑い声がある。タイムスリップした景色を見てほしい、そんなことを思いながら。

それには、子どもたちに囲まれて、まだまだ現役で頑張れる気持ちをもって過ごすお年寄りの力が必要。住民がこれからも子どもたちの子育ちに一役買っている、そんな地域でありたいと思っています。

遠い昔、それは当たり前で、ありのままの暮らしだったような気がします。

# 忙し！　楽し！　里山暮らし

寂しさの中に生きる希望を探しながら

熊本県・黒肥地保育園　**鍋田まゆ**

## はじめに――大人の暮らしの傍らで

一〇年前、どうにか一万人を保持していた多良木町の人口も現在は九千人を割り（二〇二二年）、急速な人口減少が続いています。以前は歩いて病院に行く人や買い物に行く人に園の周囲でも会っていましたが、今では人に会うことがなくなりました。

園の南側には田んぼや農道が広がっていますが、北側は里山です。狭い山あいに拓いた畑には一輪車に鍬や肥料を積んで押しながらのぼっていきます。小さいけれど生計を立て暮らしてきた大事な畑です。手入れの届いた畑は野菜が実るとまるでお菓子箱のようです。里山の散歩は自然を楽しむばかりではなく、人びとの暮らしを教えてくれる時間でもあります。

一、二歳を含んだ異年齢保育（暮らしの保育）を始めて一二年目になります。今も変わらずゆったりとした時間の流れの中で虫を探し、草花を摘んでままごとや泥団子づくり。大きい子と小さい子が一緒になったり離れたりしながら気ままに過ごしています。歳時記に合わせた農的暮らしは忙しく、そして楽しみの多い暮らしです。そんな中で育まれる子どもの思慮や感性は大人が想像するよりもはるかに深く、繊細で、実にエネルギーに満ちています。大人の暮らしや農作業の傍らで子どもは「子どもの瞬間《とき》」を生きています。そこには人が人として生きる力の土台が脈々と形成されているようです。

## 異年齢の「おうち」での暮らし〜ほっこり、ほんわか、おうちの暮らし

現在園児四五名。二〜五歳のおうちが二つ（さくら、うめ各一七名）と一歳児七名のたんぽぽのおうちとゼロ歳児四名のすみれのおうちで暮らしています。ふだんからおうちの垣根はなく、一歳児から五歳児がごちゃごちゃと室内や園庭でそれぞれの遊びを楽しんでいます。クラスを「おうち」と呼び担任もニックネームで呼んでいます。それを暮らしの保育と呼んでいます。

### 「うめのおうち」のこと──「今日はぼくが、がんばる」

ある年の「うめのおうち」は二歳から五歳までの一五名、大人二名です。発表会で「むかでのつかい」の劇に取り組みました。ところがいつも大きい声でセリフを言っていたゆうじ君（五歳）が当日

梅干し　みんなでつくってみんなでいただく

ソーラーシステムも備えた新園舎

は熱を出して休んでしまいました。するといつもゆうじ君を頼って、小さい声でもそもそ言っていたゆきのぶ君（五歳）が周りを眺めて「今日はぼくが、がんばる」と、小さな声だけど決意したように言いました。そして見事に大きな声で長いセリフを語りました。周りには小さい子しかいないのを見て取ったゆきのぶ君は〝非常事態〟に見事に対処しました。

## 「ばらのおうち」の保育者、まり子さんのこと―微妙なテンポと間

また、ある年の「ばらのおうち」は三歳から五歳までの一〇名、怒りっぽいげんき君（五歳）がいます。げんき君はおうちの子をちゃかして、相手が怒ったり泣いたりするのをおもしろがったりします。担任のまり子さんはゆっくり話を聞いて、げんき君の思いを言葉に移し替えていきます。外に飛び出して虫探しをしている時も、「あら、ここにおったと～（いたの～）」と、まずはげんき君の気分を認めます。「おうち」の人数を少なくしたことや、微妙にゆるくずらしたテンポでの語りかけが興奮を抑えるようです。トラブルがめっきり減り、「虫はかせ」のげんき君が登園すると、子どもたちが集まってきて、家から持ってきたカブト、クワガタ、セミ、何かの幼虫を見せ合っています。大人からは

「この頃どこにいるかわからないね」「キレないね」「荒れてる暇がないね」と言われています。

## 異年齢は異世代にもつながる〜見守られている幸せ

### デイサービスセンターを訪ねて―理屈ではない愛しさ

ある年さくらとゆりのおうちの四、五歳一六名と大人三名は、ジャンボタクシーに乗ってデイサービスセンターのおじいちゃんやおばあちゃんに会いに行きました。あやさちゃんは車椅子のおじいちゃんに尋ねました。「何歳？」。おじいちゃんは答えました。「一〇〇歳。おまや（あなたは）何歳や？」あやさちゃんは〝一〇〇歳〟に驚いたのか、深いシワシワの顔から質問を返されたことに驚いたのか、何も言えずに固まってしまい、保育士が「五歳です」と答えました。子どもたちが「七夕さま」や「かえるのうた」を歌うと、おじいちゃんやおばあちゃんは拍子をとったり口ずさんだりしてくれました。大きな手を撫でると、その手でしっかり握り返してくれました。帰る時、いつまでも見送ってくれるその眼差しに〝愛おしい〟思いを強く感じました。

### 田んぼで遊ぼう―大人と子どもの気持ちが重なり合うよろこび

稲刈りの後、田んぼは格好の遊び場になります。その田んぼでやりたいことの一つにつなひきがあります。この季節、十五夜の夜に地域の子ども会（小学生）はつなひきをします。園の子どもたちにも体験させてあげようということになりました。脱穀後のワラを使って綱をつくります。ワラは農家

縄ないは、地区の老人会さんの専売特許

どっちも、がんばれ～！

でもある職員が家から持ってきました。柔らかく編みやすいもち米のワラです。地区の老人会の会長さんに綱づくりの依頼の電話をすると「よかバイ。今から行ってみる」と、すぐに会員さんが三人来てくれました。ワラの量を見て「うん、よかろう。こしこあれば（これだけあれば）……」と、こともなげに帰って行きました。翌日、約束の時間に会員さんがたくさん来て「ヨイショ、ヨイショ」とワラを綯《な》っていきます。子どもたちはおばあさんからワラを受け取りおじいさんへ。おじいさんはワラをつぎ足しながらドンドン綯《な》っていきます。「ぼくもしたか～（したい～）」。でもその言葉はおじいさんたちには聞こえません。力を入れて必死な様子です。動きに合わせて、ヨイショ、ヨイショと掛け声をかけると「元気の出るバイ！」とおじいさん。綱は調子よく伸びていき、でき上がるとみんなで担いで田んぼへ。ワッショイ、ワッショイ。

いよいよつなひきの始まりです。まずは子どもたちどうし。子どもたちと大人。子どもと老人会……と次つぎに相手を代えて引いていきます。子どもたちはドッテーン！　と見事に倒れ込んでもみんな笑っています。「転んだときカエルがいたように思った」「土がポヨンポヨンしとった」「またつなひきしたか〜」など、感じたことを次つぎに伝えます。子どもたちの〝とっても楽しい！〟という思いが伝わってきます。さらにこの日はテレビ局が取材に入り、綱づくりや子どもたちとのつなひきの様子がニュースに映りました。めったにない「テレビに映る」という出来事が、地域に住む者たちに心地よい興奮を与えてくれました。

## 地域を文化で元気に！〜やわらかく、しかし、わきあがる思いを求めて

### 「田んぼでコンサート」―季節の移ろいと心に染みる音色

一一月下旬、学校のイチョウは金色の手を広げてまるでみんなを見てくれているようです。そして秋風はフルートの音色を思い出させてくれます。ここでコンサートをしたら子どもたちもよろこぶに違いありません。「なおちゃん、お母さんに頼んでここでフルートを吹いてもらいたいな」「うん」（にっこり）。なおちゃんのお母さんは音楽教室の先生です。お母さんもすぐに了承してくれました。

当日は、〝昼も近い時間〟なのに田んぼには盆地特有の霧がかかっていて、子どもたちは「まっ白しとるね〜」と、その幻想的な世界を眺めています。いよいよコンサートが始まりました（口絵参照）。なおちゃんのお母さんとひーちゃん（保育士）との二重奏は「赤とんぼ」「もみじ」「ちいさい秋みつけた」など、秋の歌です。霧に包まれた広い田んぼにフルートの音色がやさしく響きます。だれもおしゃべりをしたり、ふざけたりする人はいません。

子ども、父母、小学生や田んぼに来ていた農家の人たちも静かに聴いています。やっぱり素敵なコンサートになりました。「すごーい！」「きれいかったー」「なんかかなしくなった」「お父さんたちが見に来てくれてうれしかった」「うたがおもしろかった」などが子どもたちの感想です。最後に「まっかな秋」をみんなで歌っておしまい。イチョウの木は昨夜の風で葉を落とし、次の季節が来ていることを教えています。

「ご近所作品展」のはじまり、はじまり～

七〇～八〇歳前後の近所のおじさんやおばさんは、昼間元気に畑の仕事をし、土曜、日曜はグランドゴルフに興じています。趣味もたくさんあります。習字、水墨画、ちぎり絵、写真、俳句、和歌、裁縫、紙細工などです。場所さえ準備すれば自慢の作品を展示してくれるに違いない！　そんな思いが沸々と沸いてきました。さっそく、一軒一軒回って呼びかけると、六軒（八名）全員がオッケーです。その場で作品を預けた人もいるくらいです。写真提供のおじさんは「うちの母の俳句とちぎり絵も……」と作品を出してくれ、施設入所のおばあさん二名にも呼びかけると快く和歌を出してくれました。その積極的な様子に、過疎地に〝静かに灯る炎〟というよりも、〝囲炉裏の種火が灰を除いた瞬間に真っ赤に燃え盛った〟様を見たような思いがしました。

こうなると、自分だけが寂しさに埋もれているわけにはいきません。大いに勇気が湧いてきました。「え～と、看板をかけて……名称は何にしたら……」とつぶやくと、園長がすかさず「ご近所作品展！」。ハイ！　決まりです。会場の多良木町文化財等センター「古代の風　黒の蔵」（石倉）には園

「おやじの会」の作品

児、地域支援センター「カムワークたんぽぽ」、放課後児童クラブ、近所の方々の作品が所狭しとばかりに展示されました。展示場の入口には「おやじの会」作の竹でつくった蒸気機関車がデンと座り、子どもたちの笑顔の写真が大きなパネルになって来場を待っています。「ごあいさつ」の文には次のように書きました。

ごあいさつ
古来より黒肥地は豊かな自然に恵まれ、人々は多くの文化を育んできました。

しかし、近年のコロナ禍や大水害は、私たちの暮らしを直撃し、先行きの見えない不安を抱かせています。

また、地域の人口減は言いようのない寂しさを感じさせています。

しかし、ここに生きる者は決して無力になったわけではありません。

今こそこの地域に生きる者として自信と誇りを持ち、力強く前へ進みたいと思います。

呼びかけに応えて出品にご協力くださった皆さんに心よりお礼申し上げます。

ウクライナの平和を祈りながら！　二〇二二年（令和四年）三月二三日

開催日や時間、場所を書いたチラシを近所に配布すると、一週間で二四〇名程の方が見に来てくれました。「黒の蔵」のスタッフさんも展示に協力してくれ、来場者数も把握してくれていました。今回の「ご近所作品展」は、いつもは静かで見えないけれど、この地で生きてきた者たちは、まだまだ〝どっこい、生きている〟と実感させてくれました。

## おわりに〜過疎……募る寂しさ、今ある希望を求めて

園の半径二〇〇メートル内には三〇軒の空家があります（近所の商店のおじさんの調査による）。また、園の直近の建物七軒の内四軒が空家です。夜九時を過ぎると通過する車はめっきり減ります。二、三〇年前では想像もしなかった町の様子に、どうしてこうなったのかな〜と寂しさが募ります。犬が「ワン」と吠えるとうれしくなり、猫でもカエルでも、声を聞くと安心します。窓越しに漏れる他の家の光を見るだけで自分の孤独な思いが和らぎます。誰かを探そう！　寂しさに押しつぶされないうちに。まったく人がいないわけではない！

過疎地―人口減少は本当に寂しいです。どうにもならない無力感に襲われます。しかし、みんなその寂しさに耐えながら生きています。人口減で、コロナ禍で、大水害で……。そんな中で、町の商工会は花火大会を開催しました。無観客で、それぞれの家から見る花火大会。四〇分もの間、引きも切らさず打ち上がる花火。寂しさを癒やし、人びとを鼓舞する希望の光です。

最近では近所の方たちが家で採れた野菜や果物を園に届けてくれます。春から夏にかけて、梅、シ

ソの葉、桃、梨、タケノコ、桑の実、メロン、きゅうりなど。いちご狩りの招待もあります。子どもたちは漬物やジャムをつくり、田植えの準備（種もみを播く）～田植え。秋から冬にかけて、稲刈り、竿掛け、脱穀、餅つき、干し大根、干し柿づくり……と、忙しいけど楽しい日々です。

定員は一二〇名から五〇名に減ってしまったけれど、子どもたちの日々は変わらず活気に満ちています。

今、ここにいる者は声をかけ合い、つながり、寂しさの中から希望を見いだそうとしています。

撮影：宮崎健太郎さん

# 「里山保育人生完結編」

## 自然と農的暮らしで学ぶ、命あふれる毎日

熊本県・元北合志保育園　**岩根治美**

### はじめに～里山の保育に明け暮れた里山人生

短大を卒業して就職したのは家から一〇分もかからない山のふもとにある社会福祉法人立の北合志保育園（当時熊本県旭志村桜ケ水）、もう約四〇年前のことです。広い園庭には近所の人のお花見場所になるような大桜が咲きほこり、周囲は豊かな自然に囲まれていました。ご多分にもれず、就職後にこの地域もだんだん人も園児も減っていくのですが、これも時代の流れと眺めつつ、子どもらと共に遊び、歩き、食して毎日を楽しく過ごしていました。里山という意識もなく、どこにでもある田舎の保育が私の里山保育の序幕でした。私はこの地で生まれ育ち暮らし、そして保育者人生をおくり、今退職して農業をしながら孫の世話もしています。里山保育に明け暮れてきた私の人生のページをめ

くってみます。

## 園長になって里山人生第一幕～保育園は今日から「おうち」

園長になったのは一四年前。就職したての頃は九〇人だった園児もその頃には三〇人にも満たない数で、帰りのお迎えを待つ時間は、全園児が一緒になったり、ときどきはきょうだいをのぞきに来て声をかけてみたりと、自然な形で異年齢になっていましたが、中途半端な異年齢交流保育でした。「同年齢にもできない、集団の力が伸びない、子どもの力が育ってないのではないか？」などの課題を抱えていました。

そこで、園児が少ないから、田舎だから「しかたない保育」から、〝少人数だからできる保育、自然に恵まれているからこそできる保育〟への転換として、異年齢保育と里山保育に取り組むこととなりました。三歳児八名、四歳児八名、五歳児七名の二三名を二クラスに分け、三つの年齢が交じり合い、きょうだいがいれば一緒になる、保育士がお母さんお姉ちゃんの「大家族のような暮らし」をしていくことになります。

今まで〝何となく異年齢保育〟を経験していた職員でした。「子どもが主体の保育、子どもとともにつくる保育」に魅力を感じながらも、それまでの年齢別発達や少人数でもこうあるべきと同じ目標に向かう姿を求めていた保育との違いへの戸惑いもありました。どんな保育をめざしていきたいか、話し合いを重ねました。異年齢での多様な関係はさまざまな人間模様を感じていくこと。一三名の

カエルだよ〜

あぜ道通ってどこまでも　森はすぐそこに

〝家族〟が山に行き、季節を感じ産物を探し食し、遊び暮らすことを楽しもう。里山に出かけ、おじちゃんおばちゃんと話しをして、なんだかうれしい気持ちになる、そんな日を過ごしていこう等々の保育の姿を確認していきました。

おうちの名前は担任の名前から「こうくん家」「まいちゃん家」。今日からおうちに引っ越しだ。そしてそれぞれ一三名の暮らしが始まりました。その後、「のんちゃん家」「ゆかちゃん家」「金ちゃん家」それぞれのおうちが誕生していきました。

## のんちゃん家は里山の生態系博物館

はるま君（四歳）とるい君（三歳）の二人は、一つ違いの似た者同士。保育園でやりたいことは一つ。それは虫を探しつかまえること。興味がない話を椅子に座って聞くのが苦手な二人。それより早く虫を探しに行きたいのです。散歩は虫との出会い。朝の歌が苦手でも、カエルと出会えばカエルの歌を楽しげに歌い、捕まえたカエルを放して絵を描く。飼育箱から飛び出したカエルの足に絵具がつくとカエルの足跡ができて、楽しくてたまらないみんなは大興奮。カエルと一緒に歌い、カエルと一緒に飛び跳ね、カエルと一緒に絵を描く。歌や絵は苦手、好きなことは虫取りだった二人はカナヘビの歌を作り、虫をつかまえ、図鑑を並べ、生態を調べ、卵を産ませ育てていきました。

のんちゃん家はみんなが持ってくる虫かごが部屋中に並んでいて、まるで里山のさまざまな虫たちの生態系がわかるぐらいです。シュノーケルアオガエル、カナヘビ、カブトムシ、おけら……。卵を産ませ、育てる。二人のおかげでみんな虫が大好きになりました。はるま君は今年五年生ですが、小学校でも虫のことは、はるま君に聞けと、ちょっとした虫博士らしい。

## 金ちゃん家のムカゴ採り大作戦

一年を通して散歩で山の産物の収穫にいそしむ子どもたちです。山が色づき始めると子どもたちは山の幸を求めてますます収穫物獲得に一致団結。いよいよムカゴの季節です。ムカゴは山芋の赤ちゃんで、細いツルに弱々しく付いていて、手を伸ばすとすぐに落ちてしまいます。手で採ってもうまくいかず、二日目はシートを持って行きましたが、シートにうまく溝が作れず、ムカゴが滑り落ちてしまいました。大量に収穫したい子どもたち、三日目は傘を持っていこうと相談していました。落とす役は大きい子。傘を広げているのは小さい子。おもしろいようにムカゴが傘の中に集まってくる様子を、目を輝かせて見ていた小さい子。「やっぱり大きい子はすごい」と憧れがふくらんだ出来事でした。その日のうちにムカゴご飯になり、おいしそうな匂いがそこらじゅうに漂っていました。

## 里山の暮らしと保育～人が集まり、そこに子どもも一緒に集う幸せ

### ねこを見に行こう

子どもが泣いて登園したり、浮かない顔をしていたりすると、「ねこ見に行こう」と声をかけます。手をつないで保育園のすぐお隣のおばちゃん家に「おはようございます」とおじゃますると、野菜のパック詰めをしている八五歳のおじいちゃんとおばちゃんは、手を休めずに声をかけてくれます。「今日はまた違う子のごたるね。泣いたらいかんよ。ねこはどこにおるかね?」。毎日野菜を詰めながらの会話です。そこはねこ屋敷で、毎日七、八匹のねこがいます。子どもはねこを見て、私は今日もお二人の元気な姿を見て、何だか安心するのです。ときどき野菜をいただくので、給食室から出汁をとった煮干や、賞味期限間近な牛乳を持って行き、物々交換です。

### ましこおばあちゃんはスーパー八〇歳

地域のましこおばあちゃんに来てもらってゆべしづくり。大豆から育てた手づくり味噌にゆずを入れ、竹の皮で包んで団子にします。ましこおばあちゃんは、もうすぐ八〇歳。畑仕事も料理もバリバリのスーパー八〇歳です。分厚く暖かな手から美味しいゆべしができ上がります。やさしい口調で語りかけてもらう子どもたちも楽しいひと時です。伝統行事を守って誰でももてなしてくれるおばちゃんや、いろんな名人、大声でいつも笑っているおばちゃんたちがいる地域で育つことを楽しんでほし

いと思う。地域の人を自慢に思ってほしい、そんな思いで子どもを連れて行っています。

## 地産地消の「その場でクッキング」「ちゃちゃっとクッキング」

子どもたちは、春の野イチゴ採りから始まり、年中野山をかけまわったり、川遊びを楽しんでいます（口絵参照）。自然相手の保育は、天気や気候にずいぶん左右される保育で、臨機応変なざっくりした計画です。しかし、年度が終わってみれば毎年計画したことはほとんど実行できるし、それに、プラスアルファが付いてくるのです。

みんなで採ったばかりの野菜を、持って行った包丁とまな板でその場で切って食べさせます。ゼロ～五歳児まで〝園長のその場でクッキング〟です。たまには、一緒に散歩に行き、リュックに忍ばせたナイフで柿やリンゴを剥き、その場でほおばります。散歩でいただく、すもも、きんかん、ビワもその場でパクり。また、散歩で採ってきた、タラの芽・三つ葉・よもぎも給食室を借りてすぐに天ぷらに変身することも。のびるも卵とじにして給食に一品加わります。給食を作る先生はもう慣れたものので、一緒に作る〝ちゃちゃっとクッキング〟です。そんなに多くもないのであっという間になくなってしまいます。「また明日も採ってこよう」。子どもたちの目がそう言っています。

## 花祭り

地域住民のつながりが深く、今では珍しくなった伝統行事をみんなで守り続けている地域があります。そのひとつの〝花祭り〟におじゃまするようになって三年目になります。おばちゃんたちが摘ん

花祭りで甘茶をいただく

干し柿づくりに夢中　まほろば保育園の子どもたち

できた花が石畳に敷かれ、花御堂がつくられ、甘茶をかけてご馳走という段になります。お参りをされる方に混ぜご飯、団子など手づくりでもてなしをされ、毎回子どもたちもご馳走になっています。その場で地域の子どもたちは自己紹介。「私のお父さんは○○です」「僕のじいちゃんは○○です」と紹介すると、おばちゃんたちはますます笑顔になり「△△ちゃんはこぎゃん大きくなったつね（おおきくなったんだね）」とか、「○○ちゃんは、じいちゃんに似とるねぇ」とほのぼのした会話が聞かれ、地域のつながりが感じられます。

### 輪くぐり

「サロンに来てもらっていいね？」と急にお誘いがあると、私は二つ返事で「ハイ！　行きます」と答えます。先日は、地域の〝輪くぐり〟におじゃましました（口絵参照）。これも長年受け継がれている伝統行事。今までのサロンはお年寄りばかりだったのに、今回は、働き盛りのおじちゃんたちもいて、区の回り当番なのかやけに人が多い。小さい子どもたちの姿を見かけることがないので、ぞろぞろ園児を連れていくと、場違いのように目立つのですが、古い神社・茅の輪に人が集まり、そこに子どもも一緒に集うことがなんともいいようのない瞬間となり、幸せな時間が生まれます。

おじちゃんたちから、「ここの子は誰だろか?」と声がすると私は〝待ってました〟とばかりに地域の子どもを前に出して、自己紹介させるのです。すると、笑顔がいっそう広がります。こんなふうに、おじちゃん、おばちゃんが目を細めて笑ってくれる幸せを感じられる、そんな保育が大好きです。

〝〇〇公園〟とか〝〇〇の里〟とか、田舎だけれどもそれなりの遊ぶ広場はありますが、広い遊びの場所よりも、そこに、おじちゃんがいて、牛がいて、畑があって、普通に仕事をしているところに、普通に出かけて行って、運がよければ、飴が出てきたり、ミカンがもらえたりする。そんなところに子どもを連れて行きたいのです。なんか楽しかったねぇと思いながら、飴をしゃぶって帰る、そんな保育が好きです。そして地域に出かけるときは以上児の異年齢クラスに加え、二、三歳の地域の子をおまけに連れて行くようにしています。人が集まりそこに子どもも一緒に集うことが、なんともいいようのない幸せな時間になるのです。

## 里山保育から里山暮らしへ～里山も里人も素敵だ！

### 絵に描いたような里山保育―まほろば保育園

昨年（二〇二一年度）、山鹿市の鹿北にある「まほろば保育園」に園長として勤務しました。いたるところ山に囲まれ川が流れ、刈ったばかりの稲が竹につるされ、田に干されてありました。園児数は七〇名。三、四人のきょうだいも多く、祖父母のお迎えもよく見かけました。

絵に描いたような里山で、園庭のすぐ隣は、ゆうしん君のおじいちゃんの栗畑。ゆうしん君が手を振るとおじいちゃんと犬のチョコとアズキもしっぽを振って応えます。ゆうと君のおやまのじいちゃんの家からはビワが届き、名前も知らない人から花が届き、なすもコンテナのかご一杯、メロン、スイカがドーンと届きます。地域に出かけると、いたるところに名人がいっぱいです。野山に入ると人と出会い、いつもきれいに手入れされていて、暮らしの丁寧さを感じます。

ここはまだすべて里山です。散歩に行けば山で働く人に出会い、家で草取りをしているおばあちゃんがいます。まだまだ人と出会う散歩ができるし、地域の人と会話を楽しむことができます。荒れていない野山、四季折々の産物、子どもを大切に見守ってくれる地域の方々。川で遊び、梅干し、干し柿をつくる。お茶の産地の鹿北で大切に伝承されている茶山歌踊り。

人が減り過疎地域なのかもしれませんが、どれも素敵なことばかり。なんて素敵な里山。四年前より三〇名も園児が減少して、ここも過疎化の一途をたどっています。しかし、まだどこをとっても十分すぎるくらいの里山保育ができる、まさに稀にみる保育園です。

私は一年の短い園長生活でした。やりたいことも不十分で、里山保育といっても職員にどれだけ通じていただろうか？　まほろばに電話をかけると里山あるあるで、みんな散歩に出かけてしまって、園にいるのは園長のみ。ゼロ、一歳児も歩いて遠くまで出かけるようになったらしい。園長がこれから里山保育を学んでいくと言っていました。いやいや、学ぶことよりなんといっても、四季折々の歳時記を楽しみ、食べる楽しみを味わえる保育園です。地域を愛し、人を認め、人とつながり合う役割を持つまほろば保育園。ここで生きていく誇り、どこにもない保育園で働くことを自慢に思ってもら

えるといいなと願っています。

## 里山人生第二幕のはじまり――農的暮らしを味わう

現役を離れ、九二歳の父に代わり、朝の田んぼの水管理から、草刈、栗やブルーベリーの収穫……爪も肌も真っ黒ですが、そんな自分がイヤではない。そんな毎日の中に、今まで生きてきた父を認め、田んぼの見守りに孫を連れて行き、あぜ道を歩く。汗だくになっても青々とした田苗を見て、空気を体中に吸い込む幸せを教えてくれたのは、暮らしの歳時記を大切にし、人とつながり合う「里山保育」が原点にあります。

**【田んぼで孫と話す幸せ】**　田んぼを見ていると五歳の孫が「田んぼで遊びたかった、用水路の中に入りたい」と言う。田んぼの泥んこ、用水路の水が自分の身近な遊びになろうとしています。肌に触れたその感触が心に残っていってくれるとうれしいな。用水路から水を流すと「なんで水ばやると？」と聞いてきます。「苗ものどが渇くよ。おなか一杯になったら水を止めるよ」。そんなやり取りをしながら、田んぼに水が入る様子を二人で見ている……そんな時間がこのうえなく幸せに感じます。

**【農家デビュー――田んぼに穴が……モグラ？】**　田植えから三か月が過ぎた今、ようやく稲は三〇センチほどになり青々としてきて、〝あ～普通に育ってきた〟と安心し、今まで気にも留めなかった稲の株の大きさや周りの田んぼの生育状態が気になりだし、ようやく私もお百姓の仲間入りができそうです。

ある日、草を刈っていると土手から田んぼの水が漏れています。「なんで？　雨も降ってないの

に？」。どんどん水が漏れ、そのあたりの土をかぶせてもすぐ崩れてしまいます。〝大変なことが起こった〟とちょうどお隣の田んぼに草刈りに来ていた正次郎さんに話すと「それはモグラが穴を掘っとると（掘っているから）」。どうすればいいか聞くと「穴を踏みつけるとよか（いい）」と教えてくれたので、田んぼに戻って見てみるとなるほど言われたとおり、田んぼの淵に穴が開いています。足で踏みつけて穴をふさぐと土手の水はあっという間に引いてしまいました。

## 里山も、里山で暮らす人も素敵だ！

私が里山を愛するのは、私にとっての里山の原風景があるからです。九二歳の父からは家族を守り働いてくれた土と汗の匂いがします。季節を大事にしてさまざまな料理に変えてくれた母や祖母からは、野山の自然の恵みの素晴らしさを教えてもらいました。

小さい時から遊んできた川は今も変わらず、地域の真ん中を流れ、六月には手を伸ばせば届くほどにホタルが飛び交います。山にはシャクナゲが咲き、早朝の蓮の花が観音堂をより祈り深いものにします。秋の足音が聞こえだすと、収穫前の稲のあぜ道に真っ赤な彼岸花が咲き誇る。

地域に一軒あるなんでも売っている牛島商店は、「ごめんください」と言って入れる場所。無くしたくない言葉です。スーパーやコンビニにはない、ちょっとだけ顔見知りと会い、なんだか安心する場所。お店の九〇歳のつやこおばちゃんはいつもの椅子に座り、たまにレジを打つ。「今日は暑かばい」とか「きゅうりは塩昆布ば入れるとよかよ」とか、その日の〝つやこニュース〟が話題になります。私はときどき見かける卒園児の中高生の元気そうな顔を見るとうれしくなります。

今地域は高齢化して働き盛りは、六〇代、七〇代、八〇代です。昔ながらに赤牛を自宅の敷地内で飼い、軽トラに積める分の草を刈り、乾燥して餌をやる八〇代のりょうさん。自分の手が届く範囲で愛情をこめて育てられているのがわかります。赤ちゃん牛が生まれていました。手がかけられた分いい牛になって高く売れそうな感じがする。名前は「ひまわり」だとか。なんだか自分にできるところで自分なりに頑張っているおじちゃんと、それを受け入れている牛の関係がいい感じで、よく行く散歩コースの一つです。無理をしない自分らしく生きていくりょうさんがとても素敵です。里山は人のさまざまな生き方がとても素敵に思える場所です。

## おわりに～里山は誰にもある、あなたも見つけて、あなたの里山！

里山はなんだか安心する場所。ここで生まれ育ったことを、そして、今の自分を誇れる場所。なんて素敵なんだろうと思う。野山田畑があるから当たり前のように私はそこに入り、土を耕し、草を刈ります。今度は私が守っていく番です。

この地で育つ幼子は幸せです。豊かな自然は小さい子には小さいなりに、大きい子にはそれに応じて、ぴったりの手応えある魅力をどの子にも振りまいてくれます。好奇心や不思議心、冒険心でワクワクドキドキします。何よりも自然と交わっている時間の心地よさ。これらに勝る〝教材〟はあるでしょうか？　そして、無条件で自分たちを慈しんでくれる里人たちがいます。日々繰り返される里山保育暮らしを通して、自然っていいな、人っていいな、生きているっていいなにいずれつながっていく感性が、きっと心のひだに育まれていくはずです。でも、楽しそうに遊ぶ孫をみながら、ふと考えるのです……この子たちのこれから先、過疎の地に、歩いて通える小学校は残っているだろうか？通学できる中学校は残っているだろうか？　そして何よりも、お父さん、お母さん、大人たちの生業となる仕事はどうでしょうか？　新しく生まれてくるものはあるでしょうか？

ときどき玄関に野菜が届いています。畑で収穫した野菜も〝持っていきなっせ〟と持ちきれないくらい。今日は豆腐屋さんに行っているあっちゃんから豆腐がたくさん届いたので、私は、ブルーベリーをお返ししよう。「野菜はいるね？」と声を掛け合う素敵な暮らし。暮らしを守り、生きていく大変さも含め大好きな里山。これからも里山で汗を流し、堂々と生きていこう。里山で生きる幸せを一杯感じて生きていこう。里山がこれからの未来を創る道に通じているような気がしています。

あれから数十年。すっかり里山保育の人生が自分の人生になりました。自然と人が暮らしを織りなす里山はもちろん素敵だけれど、頑張って生きている人の人生を認め、自分がそこに生きていることを幸せに思い合えるなら、心の里山は誰にでもあると思う。

これから育つ子どもたちにとって、なんだかいいなぁと思える空間。認め合い、つながり合い、分かち合う場に暮らす幸せを感じてもらいたい。あなたも見つけて、あなたの里山！

# 第2部

## 過疎地の里山保育論

### 里山保育スタイル構築のために

第2部では第2章の里山保育スタイルの提起が中心的主張です。とくに過疎地の保育者に向けて書きました。第3章は過疎地の保育所が持続するための保育所制度について論じました。どちらかというと園長さんや理事さん、行政担当者の方々を意識して書きました。ちょっと難しい部分もありますが、保育者も一緒に考えてほしい課題です。終章の社会的な動向にもつなげて書いています。第1章は保育の実践と政策の両方を視野に入れて、過疎地の近年の動向を整理しました。2章3章の導入として書きました。

# 第1章　過疎地の保育の実態と展開—一九九九年以降

ここでは全国保育団体合同研究集会（略称全国合研）の過疎地分科会で提案・議論されたことを中心に過疎地の保育の実態と展開を整理します。全国合研に過疎地の分科会が設置されたのは一九九九年第三一回福岡集会でした。毎年一〇人を少し超える小さな分科会です。参加者はほとんど保育者です。私は設置当初からこの分科会の世話人を続けてきました。一九九九年以降現在までを便宜的に三つに区分し、過疎地の保育実践を中心に保育政策や地域づくりと絡めて整理します。(1)

## 1　平成の大合併による園児急減問題の噴出期（一九九九年〜二〇〇四年）

### 1）平成の大合併を背景にした幼保一体化・大規模施設の誕生

一九九九年にはじまり、二〇〇五年前後に最も多くの合併が行われて二〇一〇年に終了した「平成の大合併」。市町村数は三二三二から一七二七に減少しました。この市町村合併に伴って公立保育所の統廃合が大きな議論となったのです。合併しない町を宣言した福島県鮫川村（一五〇〇人）でも、村内の公立保育所二園（四歳まで）と公立幼稚園（五歳児のみ）を幼保合築施設での一体的運営の構想が議論されました。これは、組合の保育所職員も参加して、「合併するも地獄、しないも地獄」という状況の中で、「無い物ねだりよりあるもの活用」の方針を掲げた「下からの一体化施設」の構想でした。[2] また、岩手県衣川村でも二〇〇七年保・幼合併して幼児教育センターになる予定だと報告されました。その後二〇〇六年奥州市に編入、二〇〇七年衣川幼稚園と統合して、定員幼稚部五〇人、保育部七〇人の公立認定こども園「あゆみ園」になっています。

この時期の特徴は、公立保育所の統廃合・幼保一体化構想を中心に過疎地での保育所の大規模化が進行したことです。市町村合併の強行で地域が大きくなり、地域や子どもが見えなくなる不安。保育園が大規模したことで、小規模時代に比べて子どもが乱暴で騒がしくなり、保育者も走り回っている状況が報告されました。過疎地の特色であった小規模・異年齢保育が根こそぎ崩されました。

### 2）園児減少下でのクラス編成と行事

この時期、施設合併をしなかったところでは園児の急激な減少によるクラス編成が大きな悩みになりました。たとえば定員割れして幼児が四〇名位になると年齢別のクラス編成ができなくなります。そのため同年齢と異年齢の二クラス編成にせざるをえないのです。さらにその年の年齢別園児構成によって、三、四歳児クラスと五歳児クラスにしたり、三歳児クラスと四、五歳児クラスになったり、クラス編成が安定しません。年齢別保育にしたいけれどもそれができないので仕方がないから異年齢クラス編成にする「条件的異年齢保育」から、保育者が異年齢保育の良さに注目して積極的に異年齢保育に取り組む「理念的異年齢保育」への切り替えが課題となりました。

大規模園から小規模園に移動した保育者から、小規模園の子どもは「子ども同士の刺激が少なくマンネリ化しやすい」「子どもたちの力関係が固定化しやすい」「保育者も目・手・声が届き、見えすぎて問題視してしまう」などの課題が指摘されました。しかし同時に、「三〜五歳の異年齢保育では、三歳でも四、五歳児のようにやってみたいと思い、やってみてできないこともあるし、四歳児ができて五歳児ができないこともある。やっぱり五歳児にはかなわないこともある」。こんな多様な経験ができることが異年齢保育のよさだという発言もありました。大規模園に勤めていた保育者が「一歳児だけでも三〇人、紙おむつに名前を書いて管理。水遊びもできない。職員も多すぎて派閥ができる。それに比べて小さな保育園は温かさやぬくもりがある、親もホッとできる」と語ってくれました。小さいことにも課題はありますが、大きすぎることのほうが問題なのです。

次に課題となるのは運動会など園の行事です。子どもの数が少ないと活気がなくなります。しかしいろいろな工夫もしています。ある町の公立保育所では月二回の交流保育を合同運動会につなげていました。高知の土佐山田町の公立保育園では地域の人に参加してもらうため鳴子踊りをしながらビラを配って宣伝していました。熊本県中央町の釈迦院川保育所では、「六人の子どもの運動会に二六〇人の観客が応援」という地域ぐるみの運動会に発展したという報告がなされました。(3)

### 3）子どもと地域と園をつなぐ散歩

逆に過疎地では豊かな自然を生かして散歩に積極的に取り組んでいます。蜜柑やお菓子を用意して待ってくれている人もいます。子どもはいろんな大人に声をかけてもらってうれしいし、地域の人にとっても子どもの声に元気をもらえます。散歩は子どもと地域を結び、地域と園を結ぶ過疎地の要となる実践です。

地域の人とのつき合い方も本音で語られました。へき地保育所の保育士さんは「狭い地域では何を言うかより何をするかが大事」「身体を張って地域とつき合うことが大事だ」と婦人会の行事にも積極的に参加していました。また山形の私立幼稚園の園長さんは、「地域に根ざすというきれい事ではなく、保育者自身がどろどろしたつき合いをくぐって地域の信頼を勝ち取ることが大事、『子どもは地域の宝』と思ってもらい『地域の人に助けてもらえる保育』を目指している」と語りました。

## 2　次世代育成支援地域行動計画に翻弄されながら、過疎地らしい実践の模索期（二〇〇五年〜二〇一〇年）

### 1）次世代育成支援地域行動計画と公立保育所の存続

この時期は二〇〇三年に制定された次世代育成支援対策推進法による「市町村行動計画」が大きな課題でした。これまでの保育所中心の少子化対策から、「子どもが健やかに生まれ、育成される社会を形成するために」子育て支援も含めた次世代育成支援という総合的な性格を持ったものです。しかし、これまでのエンゼルプランと同じように少子化対策を主眼とした都市型モデルであり、ニーズ調査や計画案などをコンサル会社に丸投げする自治体も多く、形式的な計画策定が多かったようです。

とくに過疎地の公立保育所の場合、幼保一体的施設としてのこども園への発展的解消か、小規模でも地域に残す道を探るのか、という選択が迫られました。さらに問題はもっと深刻です。廃止され、地域から公立保育所がなくなることは公立施設が消える、つまり、公務員がいなくなるということです。そこの地域住民の暮らしや福祉に公的立場で責任を持って仕事をする人がいなくなり、その地域の衰退にもつながります。公務員としての人を残すためにも、保育所に地域の公民館的機能や出張所機能持たせても残す覚悟があるか、問われていたのです。

## 2）異年齢での散歩、食農保育は過疎地ならではの保育

過疎地でよく取り組まれる散歩は、どんぐり拾い・虫取り・イチゴ摘みなどいろんなものが収穫できます。都市部にはない過疎地特有の〝狩猟採取〟のよろこびがあります。異年齢だと収穫したものを分け合うよろこびも加わります。しかし異年齢での散歩は、年齢によって歩くスピードも距離も違うためなかなか難しいです。行きは小さい子のペースに合わせて、帰りは小さい子を先に帰して年長さんだけで遊んでから帰るなどの工夫もされていました。

過疎地の保育で散歩とともによく取り組まれているのは畑づくり（野菜づくり）です。植え付ける野菜の種類の多さにびっくりしました。そして収穫を食べることにつなげる保育は「食育」を超えて「食」と「農」がつながった「食農保育」と呼べると思います。愛知県豊野村杉の子保育園（三二名）

は畑で村特産のブルベリーを育てています。余ったブルベリーは道の駅に出荷しているという、農業高校ならぬ「農業保育園」です。「四季の自然を生かした保育は食を通して人の命を育んでいることを実感させてくれる」とも言います。「過疎地は不便だけれども豊かな暮らしがある」というフレーズも印象的でした。

今西さん　門松づくり　竹をもらい、園まで運ぶ

### 3）保育園だけが保育の場ではない

子どもの数が減ると、三歳児九人・四歳児一人・五歳児九人のように同年齢が一人という実態も生まれています。少人数を補足する取り組みとして、地域の小学校や老人クラブなどとの世代間交流が広がっています。①保育所内での異年齢保育、②保育所間の交流保育、③地域での世代間交流の三つの「交流」が組み合わされて営まれるのです。これまで小規模・少人数保育は「社会性が育たない」と言われていましたが、大人数で同年齢集団の等質な仲間関係よりも、異年齢・異世代そして園外の人たちとの他流試合的な多様なかかわりのほうが豊かな社会性が育つことに確信が持てました。

高知県四万十川市立川登保育所の今西澄さんはパワフルです。(4)「地域を保育の場に、そこにいる人は誰でも保育者の助手に」

と語ります。人がいそうな場所を求めてどこまででも散歩に出かけます。そこまで行くあぜ道も遊び場にします。子どもの活動に足りないものがあれば地域に調達に出かける。時には地域のお年寄りにごっこ遊びの相手をしてもらう。過疎地の小規模園の保育者には、保育という専門性を超えて、地域の人と暮らしを熟知し地域の力を借りる総合的な生活力が求められています。子どもを保育園に囲い込まない、保育園だけが保育の場ではない、そんな声が聞こえてきます。

## 3　子ども子育て支援新制度と里山保育の確立期（二〇一一年〜二〇二二年）

### 1）子ども・子育て支援新制度と過疎地から見た評価

この時期は二〇一五年度からスタートする子ども・子育て支援新制度への対応が大きな課題となりました。新制度の特徴は第一に幼稚園・保育所という二元的制度に、認定こども園を加えた三元的な制度になったこと。第二に幼稚園・保育園・認定こども園という施設型保育とは別に、小規模保育事業（利用定員六人以上一九人以下）が位置づけられたことです。定員割れしている過疎地の小規模保育園は、子ども子育て会議で策定される事業計画で、認定こども園か地域型の小規模保育「事業」への移行が推奨検討される恐れがありました。認定こども園では入所の契約が保護者と園の直接契約という形になり、自治体の保育責任が曖昧になります。また、小規模保育事業は公的「制度」ではなく不安定な「事業」という位置づけであり、施設基準も認可園に比べて低いという問題があります。いかにして現行の保育所として存続するかが課題になりました。

しかし熊本県水俣市のはつの保育園（定員七五人）の田中園長は認定こども園への移行を決断しつつあると分科会で報告しました。「充実した保育を展開するために基準以上の職員配置をしている。何より職員の安定的雇用と経営安定化のために一定の園児数確保が求められる。過疎地では経営安定化という点では認定こども園への移行は選択肢のひとつである」と言い、「毒饅頭かもしれないけど食べざるをえない」と悲壮な覚悟で語っていました。先に述べたように、認定こども園は公的保育をなし崩しにするものだと否定的にとらえてきました。しかしそれは「都市的正義（正論）」であり、過疎地ではそれ以上に、その地域に保育園が存続することがもっと重要な問題なのだと思います。過疎地の保育園の存続のためには「小規模多機能型保育」を主張してきましたが、その多機能の一つとして「教育機能」を考えるなら、「認定こども園」も「過疎地の保育園の正義」のひとつなのではないでしょうか。

また、地域型保育給付の「小規模保育事業」というのは、過疎地から見ると「小規模」という点では評価できます。しかし入所対象の年齢がゼロ歳から二歳までに限定されていることが問題です。過疎地では、「二〇人未満」でも「ゼロ歳から五歳まで」の「小規模保育所」制度が必要なのです。三歳以上児中心ですが二〇人未満でも存続してきた「へき地保育所」は息の根を止められてしまいそうです。(5)

## 2）過疎地の地域づくり―保育実践をまちづくりとつないで

過疎地の保育は地域づくりという視点が重要になると感じていました。また、自治体の少子化対策も保育や子育てがあまり有効に位置づけられていないのではないかと気になっていました。

その中で島根県吉賀町（人口六五一五人、二〇一六年当時）の報告は参加者に明るい展望をもたらしました。吉賀町には私立保育所が四園、公立保育所が二園あります。公立保育所の二園はへき地保育所から転換した小規模保育所で、園児数一〇人前後です。この町で目を引くのは、子ども・子育てに力を入れて「保育料・医療費・給食費の完全無料」を実施していることです。子どもの人数が少なく財政負担も少ないからこそ積極的に打って出られる、過疎地ならでの少子化対策です。さらに地元の高校を残すために寮の建設費を町が負担し高校まで視野に入れたまちづくりを行っています。また公民館が核になって、子ども以上に大人のつながりが強く、大人の地域を考える姿が子どもの教育力につながっていました。

保育園も地域づくりに一体化した実践に取り組んでいました。公立の朝倉保育園は、サクラマス（産まれた場所に戻ってくる）プロジェクトの補助金を活用した「朝倉っ子」Tシャツを購入しそれを着て地域どこでも出入り自由の散歩三昧、「園児も地域の一員」「地域は保育所の応援団」として遊び回っています。もう一つの木部谷保育所は有機農業に魅せられてのIターン家族の子どもが多く、地産地消の給食を実施しています。町の少子化対策と保育実践がきちんと結びついていて大きな希望となりました。

### 3）「過疎地の保育」から、過疎地の自然と暮らしに溶け込んだ「里山保育」の確立へ

この時期になると過疎地の保育実践はどんどん豊かに積み上がってきました。第1部で紹介しまし

たが、福岡県宗像市の離島にある大島へき地保育所（園児一八名、二〇二二年現在）。三歳から一人で登園するという驚くべき姿、地域の交通事情と見守りがあるからこそできることです。運動会は全島運動会に参加、「小さな行事も地域と一緒になると大きな行事になる」と言います。

三重県伊勢市のみどり保育園（二二人、同）は「あえて遊びを用意しなくても素材いっぱいの環境」で「子どもが子どもを育てているような異年齢保育」になっています。そしてレストラン（月一回）を開店しお年寄りに来てもらい「地域を元気にする保育園」です。

熊本県菊池市の北合志保育所（四五人、同）の岩根園長さん。この地で産まれ、保護者も教え子という、地域を知り尽した岩根さん。地域の祭りにはその地域の子どもたちを連れていきます。おばあちゃんと立ち話している傍らで牛を見ている子どもたち、ついでに柿をもらうこともあります。ただの散歩にはとどまらない、〈山〉という自然の豊かさと〈里〉の人の温かさを生かした「里山保育」が展開されています。狭い意味での保育ではなく「地域のなかで生きる保育」「過疎地には保育の原点がある」という声も聞かれました。この時期「過疎地の保育」が里山の自然と暮らしに溶け込んだ「里山保育」として確立したように感じました。

# 第2章　過疎地の里山保育スタイル構築のために

——保育の「地産地咲」を！

## 1　里山保育スタイルと都市的保育スタイル

唐突ですが「都市的生活様式」という言葉を聞いたことありませんか。社会学で使用される概念で「都市的環境でつくり出される人間の行動様式」をいい、農村的環境でつくり出される行動様式と対比した用語です。「都市化」という概念とともに使われ、「都市が農村を巻き込んでいく過程」であるという説明もあります。(6)「都市的生活様式」という概念は、現実そのものを示すものではありませんが、現実を理解する手がかりとして有効です。ここでは都市的生活様式を詳しく説明することが目的ではなく、これを過疎地の保育を考えるために「都市的保育様式（スタイル）」として援用して考えたいと思います。

「都市的保育様式」は「都市的環境でつくり出される保育様式」とでも言い換えられます。またそれに対比して「農村的環境でつくり出される保育様式」の「農村的保育様式」も成立します。現実には二分できるわけではありませんが「都市的保育スタイル」と「里山保育スタイル」と理念的に整理すると「里山保育スタイル」がイメージしやすくなりませんか。同時に都市化という概念を援用すると「都市的保育スタイルが里山保育スタイルを巻き込んでいく過程」とも考えられ、都市的保育スタイルと里山保育スタイルの関係も示しています。

また社会学の山下祐介は(7)「ある人から見れば当然と思える価値や正義が、実は全体を崩壊させるような内実をはらんでいることがある」と指摘しています。そのうえで「『都市の正義』が地方を壊す」と主張しています。都市の正義があれば、その向こうには「村の正義」があるはず。都市の正義は「中央の正義」「国家の正義」でもあり、村の正義は「地方の正義」あるいは「共同体の正義」と言い換えられます。たとえば都市の正義は経済至上主義です。人々によるモノや貨幣の交換が活発に行われ経済が成長し拡大していくことが望まれます。これに対し、村の正義は、暮らしや家族、家計を大切にします。それは程よい規模での安定を求め、持続可能性を希求するものである、と述べています。この都市の正義を「都市の論理」「都市的保育スタイル」、村の正義を「村の論理」「里山保育スタイル」と言い換えると、里山保育スタイルがさらに鮮明になるのではないでしょうか。また山下は都市住民が対岸の火事として「地方よ、頑張ってね」と地方／農山漁村を可哀想な弱者とみて、上から目線で現状を理解し、それですませようとしていないかとも問うています。

さて「過疎地の里山の自然と暮らしに溶け込んだ保育」を里山保育スタイルとします。ここでは都市的保育スタイルを厳密に定義する必要はありませんが、仮に「都市部の保育者が都市部の保育関係者を中心に、(無意識に)都市部の保育条件や環境を念頭に据えて考え出した保育理論または保育スタイル」としておきたいと思います。この都市的保育スタイルに行き詰まりや葛藤を抱えている保育者も多いのではないでしょうか。それでも過疎地をはじめ地方の保育者は「内なる都市化」で都市的保育スタイルに巻き込まれてしまいます。それは「遠隔対称性」(吉本隆明)が働くからです。かんたんに言えば遠くにあるもののほうがありがたいと思う心理です。地元のモノやヒトより遠くにある都会のモノやヒトをありがたがるからなのでしょう。しかしそれは、幻想みたいなものです。農の世界で、その地域でつくられた農産物・水産物を、その地域で消費する「地産地消」が叫ばれているように、過疎地の保育も「地産地消」が求められています。いや「消」えてしまっては困るので「地産地咲(ちさんちしょう)」でしょうか。ないものねだりより、あるもの活用が大事です。次節でささやかながら里山保育スタイルイメージを描き出すために、里山保育の実践構造モデルの試案を提起してみます。

## 2　里山の保育は「里の保育」が「ご近所づき合い」とセットで

里山の保育は園舎を飛び出して「里」(地域)に散歩に出かけることが大変多いです。大島へき地保育所では路地裏散歩、そして子どもたちだけの買い物、北合志保育園では牛や猫を見に行ったり、地域の伝統行事である〝花祭り〟や〝輪くぐり〟に子どもたちを連れ出します。日常的には保育室

（園舎）より「里の保育」を中心に据えて取り組まれています。さらに、ある園長さんが「せっかく新園舎建てても保育室にも園庭にも誰もいない、もったいなか！」とこぼすくらい地域で過ごしている時間が長いのです。里山の保育は「里」が保育の舞台の真ん中に位置付いています。「地域は屋根のない保育園」です。

しかも里の保育にお年寄り中心ですが世代間交流が重なっています。ここでは散歩や畑づくりなど日常的な世代間交流を柔らかく「ご近所付き合い」と言うことにします。あさひ森の保育園では各クラスにご近所の「行きつけのおうち」があります。みどり保育園の子どもたちは「たかおさん」のひ孫の自慢話に話を合わせて上手につき合っています。北合志保育園ではスーパー八〇歳の「ましこおばあちゃん」がゆべしづくりを教えてくれます。イベント中心の世代間交流ではなく、日常的なご近所づき合いが中心です。里山の保育は「里の保育」と「ご近所づき合い」がひと連なりで実践されています。

里の保育で一番よく取り組まれている「散歩」について三つの特徴を挙げてみます。

第一に、四季折々の自然に恵まれ、どんぐり拾い・野いちご摘み・虫取りなど自然の収穫物があることです。「自然の八百屋さんでお買い物」（三重県こっこ保育園）というフレーズがぴったりです。

第二に子どもと地域を結び、地域と園を結ぶ要になります。

第三に地域を活性化します。過疎化で地域がさびれていく中で子どもが遊び戯れる声は大人を元気にしてくれます。子どもの声は精神的な過疎対策です。言わば「子どもは小さな地域おこし協力隊」です。

## 3　里山の保育基盤としての「異年齢保育」

大島へき地保育所は二〜五歳の異年齢一クラス、みどり保育所は三歳以上児と三歳未満児の異年齢二クラス、黒肥地保育園は一〜五歳の異年齢二クラスとゼロ歳児クラス、北合志保育園も三〜五歳の異年齢クラス、あさひ森の保育園が現在同年齢クラス編成ですが異年齢保育も検討中です。このように過疎地の保育園は園児数が減少し小規模・少人数になり、異年齢クラス編成が多いのです。

小規模・異年齢クラス編成で小さいときからいつも一緒に過ごしていると、お互いわかりすぎてぶつかり合うことも少なくなります。閉じられた人間関係になりやすいかもしれません。しかしそれはお互いをよくわかり合っているが故の気遣いや折り合いであり、そこから温かさが溢れた雰囲気が醸し出されていることでもあります。まるで「きょうだい」のようですが、きょうだいとはまたちょっと違った「身内」のような感覚が生まれています。そこでは大人が子どもを教えて育てるというより年齢の幅のある子どもたちのなかで見よう見まねで育ち合う雰囲気があります。

異年齢保育の動向を整理しておきます。(8) 都市部では過疎地のように園児が減っていなくても、同年齢クラス編成からあえて異年齢クラス編成にする「理念的異年齢保育」が増えています。さらにこれまで一般的だった「三〜五歳の異年齢保育」から、一、二歳など「未満児を含んだ異年齢保育」という新しい動向も始まっています。「三〜五歳の異年齢保育」では、「弟（妹）にも、真ん中にも、お兄（姉）ちゃんにも役割が変化する関係」「頼り頼られ、あてにしあてにされる関係」など、多様な人間関係の中で育ち合うことが確かめられています。「未満児を含んだ異年齢保育」では、クラスを「おうち」と呼び、安心を土台にした「暮らしの保育」が追求されています。そして「できる・できない」という評価的なまなざしではなく、やりたくない「気分」も認める保育、能力や時間の「幅」を前提にした保育、そろえることよりも「凸凹」に価値をおく保育が実践されています。

過疎地は小規模異年齢保育です。異年齢で暮らすのが当たり前になり、異年齢ということを意識することもなく「自然体の異年齢保育」になっています。また保育園での異年齢保育と日常的な異世代交流（ご近所づき合い）を合わせると「異年齢保育」というより「年齢に幅のある保育」といったほうが適切です。

## 4　里山の保育は農的暮らしの傍らで、「食」と「農」がつながった「食農保育」

里山の保育では畑（野菜）づくりがよく取り組まれています。四季を通じてさまざまな野菜が育てられ収穫されクッキング保育にまでつながっています。「食育」が強調されていますが、農業が基盤産業である過疎地では「食」と「農」がつながった「食農保育」(9)になっています。愛知県のある園長さんの「ブルーベリーの世話で子どもの保育どころではありません」（87頁）という一言のように、子どもは古来「農的暮らしの傍ら」で育っていたのです。お百姓さんの農作業の傍らで、虫を捕まえ草花を摘んで遊びながら花鳥風月を感じとってきたのです。

「百姓学」を提唱している宇根豊(10)さんは、「お百姓さんは、職人さんと違って、作物が実るのは、自分達の力だけではどうしようもなくお天道様の力を借りなければならないことをよく知っている、だから米を作るとは言わず米がとれるという、稲植えとは言わず田植えという」と述べています。お百姓さんは、どうにもならない自然の怖さと自然との折り合い方を知っているのです。農的暮らしの傍らで自然との向き合い方が身についていくのです。

そうは言っても畑づくりでは猿や鹿や鳥などの獣害もあります。みどり保育園の子どもたちは「猿もほしかっただろうから半分こすればいいんじゃない」「柵の外に野菜置いといてあげようか」と言います（50頁）。同じようにあさひ森の保育園の子どもたちも「こっちの畝はあげられないけどこっちはいい」（33頁）と一つの畝は動物に譲ると言うのです。大人は収穫を目的にしますが、子どもたちは自然界の動物との共存を当然のこととして捉えられるのです。「豆は三粒まけ。一粒は虫のため、もう一粒は動物のため、そしてもう一粒が人間のため」という先人の知恵と重なります。

## 5　里山の保育は「山や森の保育」も盛んです

大島へき地保育所では忍者山や猫山での山遊び、そして夕方は波止場。元村長の「歩育士」「けんちゃん」が山の探検の導き手になっています。みどり保育園では保育園の前の小川を自然流水プールとして楽しんでいます。釣りもしています。あさひ森の保育園はそれぞれの年齢に応じた小川で遊び、未満児も川遊びを楽しんでいます。たけのこ山の探検、しまいにはいつも遊んでいる「がくゆうの森」で運動会までしてしまいました。また私がよくおじゃましている熊本県山江村の万江保育園（定員三〇名）のホームページには「緑の山に囲まれ　澄みきったきれいな水の万江川が流れています。春は山菜採りの散歩　夏は水遊び　秋は紅葉を見ながらの散歩、冬はうっすら雪景色の中散歩、一年中自然の中で保育が楽しめます」と紹介しています。里山の保育は山や森や川それも子どもが遊べる小川など、四季の彩り豊かな自然環境に恵まれています。森も野山も小川も暮らしのなかに息づき子どもたちの格好の遊び場なのです。野原の雑草や野山の枯れ枝そして小川の石ころ、さらに捕まえて遊べる虫や小魚は子どもたちの遊び友だちでもあります。これらを活用しなければ宝の持ち腐れになってしまいます。

しかし地球温暖化の影響で自然災害が多発しています。人間は自然生態系のなかの一部で、自然を人間の思うようにコントロールすることはできません。「森は海の恋人」と言われるように、森は川をつくり川は海をつくり、森と海は川によって結ばれているのです。森と川と海は循環し続けているのです。内山節さん[11]は「自然も人間も循環する世界に生きている。自然を使い捨てることは、永遠の循環を捨てることであり、人間もまた使い捨てられていくことになる」と警告しています。心しておきたい言葉です。同時に子どもたちにも野山の楽しさと同時に自然への畏敬の念を伝える必要があります。

## 6　里山の保育は子どもだけでなく地域（集落）を「エンパワーメント（元気に）」します

大島へき地保育所は、運動会は全島運動会に参加します。ちいさい子どもたちは登場するだけで大人達を元気にします。運動会だけでなくさまざまな行事に地域の一員として保育園も参加します。子育てのセンターとしてより地域の歯車として役割を担うのです。黒肥地保育園は、たくさんの趣味を持っている近所の人のために「ご近所作品展」を企画して元気づけています。保育園は地域の人たちにお世話になるだけでなく地域を元気にしているのです

みどり保育園の倉世古さんはよく「子どもを出汁に」と言います。子どものためにではなく、元気を失いそうなお年寄りのために子どもを出汁に使うのです。月一回のレストランもそうです。月一回だけどもその日のために口紅をつけておしゃれをしてくるおばあちゃんがいます。園児たちからもらったお誕生日プレゼントを軽トラにぶら下げているおじいちゃんもいます。倉世古さんが言うように「子どもはただそこにいるだけでお年寄りを元気にしてくれる」のです。お年寄りを元気にすると子どもも元気をもらいます。元気は伝染するのです。

あさひ森の保育園は、市街地からのバス通園のため保護者が園に来ることはあまりありません。そこで保護者に子どもたちが日頃過ごしている鶴喰集落の様子を伝えるため保護者向けに園便りとは別に年四回「里山通信」を発行しはじめました。また地域の農事組合の人手不足を補うために保護者に稲刈りのお手伝いをお願いしています。さらに、農事組合の「農福連携」のために社会福祉法人としての保育所がそのつなぎの役割ができないか模索中です。地域の人たちにも園の様子をお知らせするために地域向けの「園便り」も発行しています。そしてそれを園児達による全戸配付を検討しています。また「行きつけのおうち」での昼ご飯を用意してもらって食べる「おばちゃん食堂」も検討しています。園長さんの里山保育構想が膨らんでいます。

## 里山保育 おすすめ絵本

石川えりこ 作・絵
定価1,210円（税込）
2019年　福音館書店

松岡享子 原案・文／ 降矢なな 文・絵
定価1,320円（税込）
2022年　福音館書店

ひみつ基地づくり

従来の「地域に根ざす保育」「土着の保育」は子どものために地域の力を借りることが多かったのですが、里山の保育はそれだけでなく「地域を元気にする保育」が大きな役割を担っています。

## 7　試案「里山の保育実践構造」

里山保育の実践の構成要素は、①里の保育　②異年齢保育　③世代間交流　④食農保育　⑤地域をエンパワーメントする保育、の五つです。

さてそれぞれの構成要素は次のような関係になっています。

一、「里の保育」が「世代間交流」（ご近所づき合い）とセットになって実践されます。
二、異年齢保育と異世代交流は年齢に幅のある関係としてつながり合っています。
三、日常的には里の保育を中心に地域で過ごす時間が長いです。
四、園舎内では小規模異年齢保育で暮らしており、里の保育と異年齢保育は横並びです。
五、里の保育と世代間交流そして異年齢保育が土台です。
六、その土台の上に食農保育と山の保育が展開されています。
七、里山の保育は地域をエンパワーメントするという役割が加わります。

里山保育の実践の土台は大地です。第一層には水と土、草と花と木、小動物など生き物、空と雲とお天道様があります。第二層として年齢に幅のある仲間との暮らし、先達としての保育者との暮らし、地域の人みんなが〝保育者〟として応援してくれる里山の農的暮らし、安心感のあるおうち（家庭・

試案「里山保育実践構造」図　さつまいもモデル
デザイン協力：石上洋明

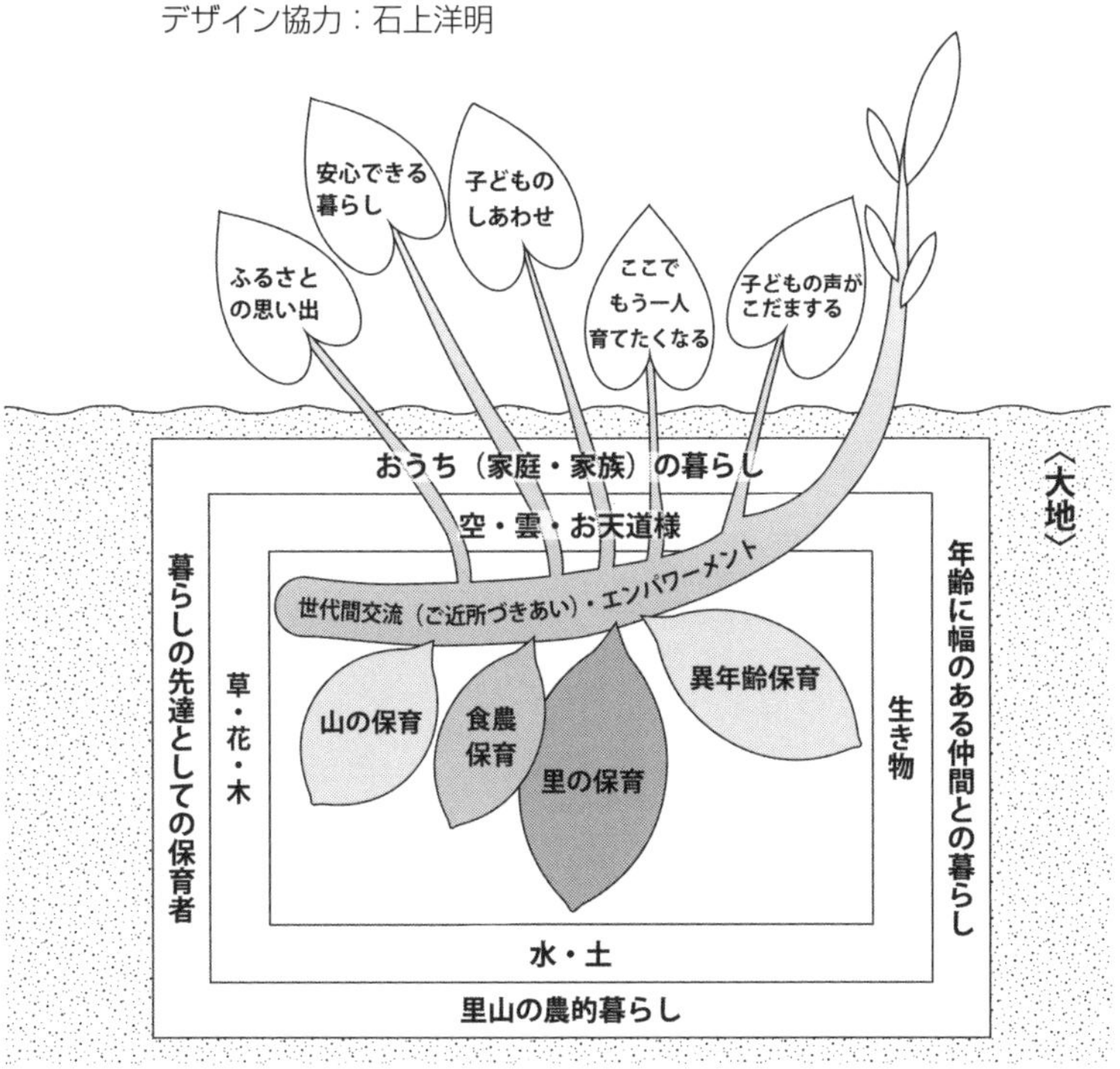


家族）の暮らしがあります。
次のような里山保育宣言（願い）があります。
1「子どものしあわせ」を一番に願っています
2 おうちのような「安心できる暮らし」をつくります
3「ふるさとに戻って来たくなる」ような思い出染みこむ保育をします
4「ここでもう一人育てたくなる」条件や環境をつくります
5「子どもの声がこだまする地域」にします
里山保育スタイルは都市的保育スタイルとちがう

「もう一つの」保育スタイルです。オルタナティブ「現在あるもののかわりに選び得る新しい選択肢、代替案」ですが、それは主流の都市的保育スタイルに対抗してとって代わろうとするものではありません。過疎地本来の保育のあり方として「里山保育スタイル」を提起したいのです。ただそこには主流である都市的保育スタイルそのものの問い直しを含んでいるのではないかと考えています。

　里山の保育の実践を、大地で育つさつまいもをモデルに構造化すると前ページのようになります。あくまでも試案です。都市的保育とはひと味違う里山保育実践構造図を一緒に考えてみませんか。

# 第3章　里山の保育を支えるために─適正規模と小規模多機能保育所

## 1　過疎地の保育所をめぐる動向と課題

### 1）少人数でも存続可能な制度があった

二〇一五年に施行された「子ども・子育て支援新制度」は過疎地の保育所には大きな分岐点でした。実は、新制度以前の保育所定員は原則「六〇人以上」と下限が規定されていました（昭和三八年児発第二七一号通知）。この下限のみの規定は、高度経済成長期の人口急増時代に保育所を増設するための最低の規定であり、六〇人に合理的な根拠があるとも思えません。そもそも上限規定がないのは適正規模という発想がなかったことを示しています。

ただ例外的に二〇人以上六〇人未満の定員で特別保育単価が適用される「小規模保育所」制度が認

められていました。この制度によって二〇人以上の保育所が存続できる基盤になっていました。また二〇人以下でも存続できる制度として「分園」制度がありました。分園は、中心保育所から三〇分以内を目安に、三〇人未満の定員で二カ所を限度として、一九九八年に制度化されました。さらに、もう一つ、認可保育所ではありませんが、へき地に設置する定員おおむね三〇人程度で、幼児の入所を原則とし、給食はありませんが低廉な保育料で市町村が設置主体となる「へき地保育所」制度がありました。また三〇人未満でも一〇人以上なら補助金が交付されていました。このように過疎地の保育所は子ども・子育て支援新制度以前でも、不充分ではありましたが一〇人以上なら存続するためのシステムがありました。

### 2)「へき地保育所」の廃止は大問題

子ども・子育て支援新制度では、保育所定員の下限が二〇名以上となり、特例として認められていた「小規模保育所」制度が廃止されました。特例・例外だった下限規定「二〇人以上」が標準化されたのです。そういう点では一定評価できます。そのうえで新たにゼロ歳から二歳まで六人以上一九人以下の「小規模保育」事業が創設されたのです。定員は六人〜一九人と小規模ですが対象児がゼロ〜二歳児に限定されています。この小規模保育事業の創設によって、これまで過疎地でも活用されていた「分園」制度や「へき地保育所」は小規模保育事業に移行することが前提となり、廃止されてしまいました。六人以上であれば存続できるようになったことは一定評価できますが、対象がゼロ歳から二歳までに限定されており、へき地保育所の三〜五歳の子どもたちは行き場を失うことになったのは大きな問題です。

この小規模保育事業は地域型保育「事業」の一つです。制度としては認可保育所ではなく「保育事業」です。資格・配置基準・面積基準が認可保育所より低く、補助基準額も低く設定され、保育の公的責任を明示した児童福祉法第二四条一項の対象外で、市町村の責任も曖昧になるといった問題があります。都市部の待機児対策としての位置づけが強く、ここでも過疎地の保育事情が考慮されない制度設計でした。そんな中で、いくつかの町村では、へき地保育所が新制度で廃止された後でも、町村の独自事業として続けていくところもあります。


さて現在過疎地の保育所は，公立保育所は大規模化、私立保育所は小規模化という二極化状態になってきました。過疎地の公立保育所は定員割れしていたのですが、二〇〇〇年代の平成の大合併や一般財源化で統廃合され大規模化しました。さらに二〇一五年の子ども・子育て支援新制度でこども園化が進みさらに大規模化が進みました。小さな村に大きな保育所が一つというところも出てきています。一方私立保育所は統廃合できないので、少子化による園児減少の風をまともに受けます。保育所の数はそのままで出生児数が激減すると園児の奪い合いの様相を呈します。早期教育を打ち出す園や市街地の園と周辺の園との園児数の格差が広がっています。存続が危ぶまれる園も出ています。

ところで二〇二一年一二月に厚生労働省所管で開催された「地域における保育所・保育士との在り方に関する検討会」報告がとりまとめられ、「人口減少地域等における保育所の在り方」についても方向性が検討されています。しかし具体的対策としてあげられた「公私連携型保育所」や「社会福祉連携推進法人」の法人統合は唐突で乱暴すぎる提言です。

また「保育所の多機能化」が提言され、在園児以外の子育て支援機能、児童発達支援事業や子ども食堂の併設、空きスペースを活用しての子育て相談が例示されています。多機能化とその具体化として児童発達支援事業は評価できますが、空きスペースを活用しての子育て相談や子ども食堂は過疎地の実態に即しているとは思えません。また人件費の最低保障のための「定員定額制度」や保育士受け持ち定数についての「異年齢クラスの別途基準の作成」も言及されておらず、不充分な提言です。過疎地の保育所の実態分析も不充分で本稿で指摘した「小規模異年齢保育・異世代交流」「里山保育」「食農保育」など過疎地の保育実践が全く踏まえられておらず有効な提言とは思えません。

## 2　適正規模の検討の必要性

これまで小規模・少人数の保育所は「少人数では社会性が育たない」とか「適正配置のために」などとして統廃合の理由にされてきました。小規模は運営的に不適正という一面的な議論です。それは下限だけ議論され上限が議論されていないからです。一〇〇人を超える定員は子どもの育ちにとって適切なのでしょうか。子どもの権利保障や地域で保育所の果たす役割等の視点も含んだ「適正規模」という考え方が乏しかったのではないでしょうか。

適正規模を規定するのは難しいのですが、仮に六〇人を標準（子ども・子育て支援新制度以前の下限定員）として上限は九〇人、下限は六人（小規模保育事業の下限）など、まず「標準」を設定し

「上限」と「下限」を想定したらどうでしょうか。

公立保育所の場合「適正規模」という発想がないと定員割れが統廃合問題に直結してしまいます。定員割れしても適正な園児数もあります。私立保育所は定員割れすると定員を徐々に下げることになり、保育所存続の不安が募ります。三〇人や四〇人のほうが「適正規模」、いやいや二〇人や三〇人のほうが「理想的な規模」と考えることが必要かもしれません。

さらに小さな市町村で一つの園だけがひとり勝ちするのではなく、すべての園がそれぞれの地域で存続していくためには「適正規模」論を土台にして、小規模・少人数になっても保育所を持続的に運営していくための方策が必要です。「小規模多機能化」は一つの方策ではないでしょうか。

## 3　社会福祉施設での小規模多機能化の流れ

まず児童福祉施設（保育所、養護施設など）を含む社会的養護改革の動向を見てみます。二〇一一年の「社会的養護の課題と将来像」では、里親委託優先が明確に示され、施設九割・里親一割の状況を、一五年間で本体施設（ユニットケア化）・グループホーム・里親の割合を三分の一ずつにする目標が掲げられました。同時に児童養護施設は小規模化〈地域分散化〉と家庭養護の推進が打ち出されました。安心感のある場所で家事や身の回りの暮らし方を身につける「あたりまえの生活」の保障がねらいでした。さらに二〇一七年の「新しい社会的養育ビジョン」では「代替養育は家庭での養育を原則とし、高度に専門的な治療的ケアが一時的に必要な場合には、子どもへの個別的対応を基盤にした『できる限り良好な家庭的な養育環境』を提供し、短期の入所を原則とする」（「ビジョン概要」）とされました。このように家庭的養育機能重視と一体となった地域分散化・小規模化の流れが続いています。

学童保育も「放課後児童クラブガイドライン」（二〇〇七年）によって、学童保育を「生活の場」として児童の健全育成を計る観点から、集団規模を四〇人程度とし、一クラブ最大七〇人とするガイドラインが示されています。学童保育も小規模化の流れがあります。

次に高齢者福祉の分野では、特別養護老人ホームなど地域から離れた大規模施設での生活ではなく、住み慣れた地域で、小規模（登録定員二九名以下）で、「通い」「泊まり」「訪問」の多様な機能を持つ、小規模多機能型居宅介護施設（二〇〇六年四月創設）が一つの流れとなっています。小規模多機能施設は、まず少人数（登録定員二九名以下）で利用者一人ひとりに時間の融通のきくきめ細やかなサービスを提供することが特徴です。利用者一人ひとりが過ごし方を自分で選択できるし、なじみのスタッフよるケアを受けることができます。同時に「通い」を中心として、要介護者の状態や希望に応じて、随時「訪問」や「泊まり」を組み合わせてサービスを提供することで在宅での生活が継続できるように支援するものです。つまり住み慣れた地域での在宅生活を継続するのです。小規模でアットホームな環境であり、「通い」「泊まり」「訪問」の三つの機能を持つ地域密着型の施設と言えます。小規模単機能でも大規模多機能でもなく「小規模多機能」が福祉分野での一つの流れになっています。

これまで保育所でも、延長保育や一時保育そして乳児保育や障害児保育さらに子育て支援など保護者ニーズを中心とした保育の「機能」が拡大されてきました。しかしこれらは保育の基本機能として位置づけられるものであり、高齢者分野での住み慣れた地域での在宅生活継続という高齢者施設のような「基本的な枠を超えた多機能化」にはなっていません。過疎地の小規模な保育所にとっては高齢者分野での小規模多機能で地域密着型システムを参考に保育所の「小規模多機能化」の検討が必要です。

## 4　過疎地の保育所の展望——小規模多機能化案

それでは過疎地の小規模な保育所ではこれまでの基本的保育機能に加えてどのような機能の多様化が考えられるでしょうか。

第一に学童保育の併設です。過疎地の保育所の特色は小規模異年齢保育ですが、その特色をさらに発展させるためには学童保育を併設することです。乳幼児期の子どもたちと学童期の子どもたちが「発達の期」を超えて交流すること「異年齢期カップリング」（川田学）で多様性がいっそう膨らみます。小学校の様子も自然と伝わり小学校との「生の連携」（接続ではない）にもなります。

第二に障害児デイサービスや放課後デイサービス機能を拡大することです。異年齢保育は年齢や発達に幅がある子ども達が見よう見まねで育ち合うという特色があります。したがって障害児にとってもインクルーシブ（誰も排除しない）な保育になります。しかも過疎地は小規模な異年齢保育ですから子どもにも保育者にもそれほど大きな負担とはなりません。

第三に子ども（保育）の枠を超えて高齢者のデイサービス事業の併設です。過疎地では散歩など日常的な異世代交流（主に高齢者）が盛んですし、これまでも熊本県芦北町吉尾保育所などで試みられたことがあります。櫻井慶一[12]が提言しているような「多機能型の福祉の構築に向けて、家族全体、全年齢に対応できる、多世代型の『地域包括支援センター』の設置・推進」も視野に入れる必要があります。

もちろんそれぞれ困難な条件もありかんたんに実現できるわけではありません。これまで述べたように、小さいことや少ないことを悲観的に捉えず、逆にそのことを生かして小規模多機能化に挑戦することです。地域の顔の見える関係の中で、異年齢保育と異世代交流さらに高齢者デイサービス事業などといった小規模多機能型福祉施設を土台に「まぜこぜ社会」の構築という明るい展望にもつながります。

## まとめ　過疎地の里山保育～ここに子どもの育ちの原風景が

過疎地の里山の暮らしには子育ての原風景があるのだと思います。保育所や幼稚園がなかった時代があったのです。それでも子どもは育っていたのです。今は保育所も幼稚園もあります。それでも原点に戻って保育所や幼稚園がなかった時代の子育てから保育を問い直すことも必要です。それが里山の保育です。言い換えれば何かを「する」ことより「しない」ことを大事にしていたのだと思います。「親だけで子育てしない」、地域共同体のなかで、みんなで寄ってたかって育てたのです。「子どもを教育しない」、子どもはその土地の風土と風景の中で仲間とともに育つものだったのです。教えないでも暮らしのなかで身につけたものこそ本物なのです。「乳幼児期は学校への準備教育の期間ではない」というのは、今や先進諸国での共通認識です。子どもは大人の農的暮らしの傍らで見よう見まねで育つのです。

この土地に暮らすみんなの手で、この土地の子育て・保育をつくっていく。

里山の保育は子どもを園舎のなかに囲い込まない子育て。地域に連れだしませんか。

里山の保育は子どもを「教育」しすぎない子育て。里山の暮らしのなかで育ててもらいませんか。

**【参考文献】**

（1）宮里六郎「過疎地の里山保育―保育・子育ての原風景がここにあります」『保育の研究　三〇号』二〇二二年一〇月

＊その他過疎地の保育関係論文

・「少子化時代の保育を過疎地から考える」『幼児と保育』小学館　二〇〇〇年

・「子どもの声がこだまする町づくり」熊本県中央町エンゼルプラン原文作成　二〇〇〇年

・「過疎地の保育実践と制度問題をつなぐ」『保育所問題資料集』全国私立保育園連盟　二〇〇一年

・「過疎地における保育実践の課題と保育所の役割」『経営懇』全国民間保育園経営研究懇談会　二〇〇七年

・「過疎地の特性を活かした保育の要点」『ぜんほきょう　二二〇号』全国社会福祉協議会　二〇一一年

・「過疎地の保育の現状と課題」『ちいさいなかま』ちいさいなかま社　二〇一四年一二月号
・全国保育団体合同研究集会「過疎地分科会」報告　全国保育団体連絡会　一九九九年〜二〇一六年
・「二〇二〇年七月熊本豪雨―自然と折り合いながらつくる里山保育」『季刊保育問題研究　三〇六号三〇七号』新読書社　二〇二〇年一二月・二〇二一年二月　上原真幸さんとの共同執筆
(2) さめがわこどもセンター『さめがわこどもセンター誕生物語ひとなる書房』二〇〇八年
(3) 寺田直子「六人の園児のために二六〇人が集まった！」『ちいさいなかま』草土文化　二〇〇一年九月
(4) 今西澄「家族みたいな保育所をめざして」『季刊保育問題研究　二五二号』新読書社　二〇一一年一二月
(5) 長津詩織「へき地保育の制度的変遷―保育制度改革および保育研究における位置づけに着目して」(北海道教育大学『へき地教育研究』第七一号、二〇一七年)
(6) 秋元律郎他著『社会学入門新版』有斐閣新書　一九九〇年三月
(7) 山下祐介『「都市の正義」が地方を壊す』ＰＨＰ研究所　二〇一八年六月
(8) 宮里六郎「異年齢保育の理論的背景―学校化社会・教育と形成・正統的周辺参加」『熊本学園大学社会福祉研究所報　第五〇号』二〇二二年三月
＊その他宮里の異年齢関係論文
・「異年齢保育から保育を問い返す」『現代と保育　八六号』ひとなる書房　二〇一三年七月
・「乳幼児期の保育のあり方について― 異年齢保育の視点から」『保育通信』二〇一五年七月〜九月

三回連載　全国私立保育園連盟
１「競争と貧困の時代に求められる保育—おおらかにかまえて安心感を育てる保育を」
２「異年齢保育実践の動向と到達点—多様な人間関係から暮しの保育へ」
３「保育を暮らしという視点から問い直す—教育と形成」
・「保育は福祉です！　暮らしです」『保育通信』二〇一六年八月　全国私立保育園連盟
(9) 倉田新編『いのちを育てるこころを育てる』一藝社　二〇〇六年
(10) 宇根豊『国民のための百姓学』家の光協会　二〇〇五年
(11) 内山節『森にかよう道』新潮社　一九九四年七月
(12) 櫻井慶一「過疎地域の保育の動向と課題に関する一考察」文教大学『生活科学研究』第三九集、二〇一七年

# 終章　小さいことはいいもんだ！はしっこも住みよいもんだ！

ここまで過疎地の保育を考えてきましたが、最後に日本社会や世界の特徴的な動向の中から里山保育の意味を考えてみようと思います。

二〇二二年九月一日の熊本日日新聞。熊本県氷川町（人口約一万二千人）町内唯一の公立保育所を二〇二四年度末に廃園する方針を固めた。認可定員八〇人、現在ゼロ～六歳の五二人が通園。同紙九月二〇日「読者のひろば」欄に、今春卒園した保護者が「どうか子どもの思い出の場所であり、立ち止まったりふり返ったりできる『宝物の場所』を残してほしい」という投書も掲載されました。

定員八〇人は満たしていませんが、五二人もの在園児がいて存続を願う声も上がっているのにどうしても廃園にしなければいけないのでしょうか。小さな町が小さな保育園を切り捨てる、何とも言えないさみしさを感じます。

まず、「小さい」「少ない」を自治体と農業の動向から、そして周辺「はしっこ」を田園回帰と絡めて問い直してみます。

## 自治体問題研究所「小さくても輝く自治体フォーラムの会」

二〇〇三年、政府主導の「平成の大合併」に抗して、合併せずに自立の道を選んだ人口一万人に満たない町村が、長野県栄村で「小さくても輝く自治体フォーラム」の産声を上げました。その後東日本大震災直後の二〇一一年には常設的な組織として「全国小さくても輝く自治体フォーラムの会」が設立されています。自治体レベルで「小さくても輝く」は一大ムーブメントになっているのです。大きいことへの抵抗であり、地方自治の原点の確認でもあります。

第一回フォーラムが開かれた栄村（二〇〇〇年当時人口二六三九人）をみてみます。これまでの「外の情報を頼りに政策を立てるくせ」を反省して内発的発展のために「地域の個性を知る」ことを重視しました。村の基盤が農林業であることから村単独事業の小規模圃場整備事業「田直し事業」、高齢者が多いことから住民がヘルパーの資格を取得する「げたばきヘルパー」等独自の施策を展開しました。「少ない人口だからこそ」地域の特性と住民の要望を生かした効果的な地域づくりができたのです。小さいからこそ輝くのです。

フォーラムに参加している小規模自治体の合計特殊出生率は東京都をはるかに超え、島根県海士町や宮崎県綾町、北海道東川村などでは人口が増えているのです。自治体の規模が小さいから、あるいは条件不利地域であるから非効率であり持続不可能であるとはいえないことを実践的に実証した好例です。

国レベルでも国土交通省は「小さな拠点づくり」（多世代交流・多機能型）を進めています。小さな拠点とは「小学校区など複数の集落が集まる基礎的な生活圏の中で、分散しているさまざまな生活サービスや地域活動の場などを『合わせ技』でつなぎ、人やモノ、サービスの循環を計ることで、生活を支える地域運営の仕組みを作ろうとする取組」です。藤山浩（一般社団法人持続可能な地域社会総合研究所所長）は、集落では単位が小さすぎ市町村では大きすぎるので「地元」単位でつくり直す試みであると述べています。これまでの「規模の経済」にはない発想だと思います。地方中枢拠点都市など「大きな拠点」だけでなく、「小さな拠点」という、小さいことへの評価がされていることは注目すべき事実です。

## 小農学会～「農の神髄は小農にある」

小農学会は、二〇一五年に九州の〝百姓〟を中心にして設立された団体です。一般的な学会組織とは違って特定の目的や厳密な規約を持たないゆるやかな「食と農」に関する同志的集団です。故山下惣一（農民作家、唐津市）と萬田正治（鹿児島大学名誉教授）が共同代表を努めています。設立総会の「大会宣言」では「われわれは農の神髄は小農にあると確信し、その研鑽、実践と普及に努める」とうたっています。

小農とは「わずかな田畑を持ち、家族の労働力だけで農業経営を行う小規模な農業」のことです。共同代表の山下惣一は、小農とは「主に家族の労働を用いて暮らしを目的として営まれている農業」

であるとしたうえで、どんなに小規模であっても利潤追求を目指すのは「大農」であるという。また徳野貞雄（熊本大学名誉教授）は　小農はこれまでの農産物の生産や増産を軸とした「生産力論的農業」ではなく、モノ・カネだけでなく「ヒト・クラシ」を加味した「生活農業」であると述べています。自給のための農業、家族一緒に働く農業、暮らしを目的に営まれる農業です。小農は、「小さい」だけでなく、家族や暮らしを土台にした小規模農業であり、儲かる農業を目指さないという特徴があります。小農はたしかに小さいし、あまり儲からないけれどもその分安定した農業です。小農＝小規模・零細農家ではなく、小農はしたたかな農業です。

## 国際小規模農漁業年〜「規模は小さいが価値は大きい」

小規模農業は農家レベルの動きだけでありません。国連は二〇一四年を「国際家族農業年」と定めました。家族農業の中心となる小規模農家、すなわち小農こそ農業の土台となることが世界の動きになっているのです。また二〇一七年には国連で「家族農業の一〇年」が決議され、ＳＤＧｓを達成するために家族農業や小規模漁業を大切にする運動も提起されています。さらに二〇二二年の「国際小規模漁業年」（小規模伝統漁業・養殖に関する国際年）では、「規模は小さいが価値は大きい」がスローガンとなっています。農業も漁業も九割以上が小規模です。このように農漁業では国際的には小規模が一つの流れとなっています。

第２部３章で紹介したように高齢者福祉分野では小規模多機能型居宅介護施設、子ども家庭福祉分野の児童養護施設も家庭モデルの小規模化へ向けた改革が提示されています。「小さくても輝く」自治体、「規模は小さいが価値は大きい」小規模農漁業、そして「小規模多機能型」の福祉施設、小さいことが一つの流れになっており「小さい」ことの価値が再評価されているのです。そしてそれは国家レベル国際レベルの流れでもあります。

小さいことは顔と名前が一致する関係ができます。だからまとまりやすいのです。したがって臨機応変に柔軟な対応ができます。機動力があって小回りが利くのです。しかし小さいことは弱いことでもあります。小さい者同士競争ではなく、つながって分かち合うことが求められます

## 田園回帰と地域みがきをセットに

都市から農山村に人々が移住する動きを「田園回帰」と言います。移住というと、農山村から都市部に出て来た団塊世代の方々が退職とともに故郷に帰るというイメージが強かったのですが、ここ数年間の傾向を見ると、二〇～三〇代、とりわけ三〇代の子育て世代（ファミリー世代）の「田園回帰」の動きが始まっています。従来の「ふるさと回帰」的なものとは違って、その主役が若者であり、子育て世代の女性達です。日本の高度経済成長期以降の六〇年間は、追いつけ追い越せという開発・成長主義でしたが、都市・農山村問わず、成熟化社会の中で経済的豊かさから自己実現にシフトするなど、若い世代の価値観が変わってきているのです。田園回帰は「限界集落」（大野晃）（11頁参照）や「消滅可能性都市」（増田レポート）（同）の「限界」や「消滅」へのアンチテーゼとしての意味が

あります。

話は変わりますが、中島みゆきの「帰省」という曲に、「人は多くなるほど　物に見えてくる　ころんだ人をよけて　交差点（スクランブル）を渡る」というフレーズがあります。大都会で見知らぬたくさんの人に囲まれた生活は、人が人としてではなく、物に見えてくると言うのです。言い得て妙です。「けれど年に二回　八月と一月　人ははにかんで道を譲る　故郷（ふるさと）からの帰り　束の間　人を信じたらもう半年がんばれる」のです。ここにも部分的田園回帰、心理的田園回帰を感じます。

一方農山村では過疎化で人口減少に歯止めがかからず「誇りの空洞化」（小田切徳美　明治大学）がすすみました。ある種の諦めです。そこで大事なのは「地域の課題は自分たちの課題」という当事者意識です。課題解決のモデルを自分たちとかけ離れた都市に求めるのではなく、足下の我が地域に求め、地域の良さを探り、それを磨いていく「地域みがき」（小田切徳美）が求められているのです。田園回帰と地域みがきがセットになるとこの地で暮らし住み続ける「誇りの再生」につながります。

過疎地は地理的には中心に対して「周辺」で、周辺のなかでも「はしっこ」であり「すみっこ」です。人口的には過密な都市に対して人が少ない里山の小さな集落は「過疎」です。しかしそこには便利ではないけれども豊かな暮らしがあります。都市では失われたものが残されています。観光地にはないほっとする田園風景、暮らしのなかに息づいている里山があります。季節の移ろいに任せて流れるゆっくりとした時間。何より村落共同体としての集落には分かち合いとお互い様の相互扶助意識が底流に流れています。

小さい者たちには「小さい」と「すみっこ」が似合います。

中心から離れて「はしっこ」に生きる者達が「はしっこも住みよいもんだ!」、住んでる人も少ないけれどそこで暮らす者達が「小さいことはいいもんだ!」と声をあげようではありませんか。

**【参考文献】**

岡田知弘『地域づくりの経済学入門　増補改訂版』自治体研究社　二〇二〇年

小田切徳美・藤山浩他著『田園回帰がひらく未来—農山村再生の最前線』岩波書店　二〇一六年

小田切徳美・藤山浩他著『はじまった田園回帰—現場からの報告』農山漁村文化協会　二〇一五年

小農学会機関紙「小農」創刊号「設立総会特集」二〇一六年

徳野貞雄「日本における小農・有機農業、生活農業論の系譜」『有機農業研究13(2)、二〇二一年』

山下惣一『農の明日へ』創森社　二〇二一年

## おわりに

### ●「一人でもいいから子どもを！」

師走に入って、ある過疎地の園長さんは「来年三月に一五人卒園するのに、入園申し込みはまだ二、三人、定員五〇名から四〇名に変更手続きしてきた」と声を落としています。また別の園長さん達からも「毎年一千万円の赤字、あと二年で保育所を閉じなければならないかもしれない」「出生児数から考えると、あと数年かもしれない」と先の見えない不安と危機感を耳にします。こんな過疎地の「一人でもいいから子どもを！」という切ないほどの心中が、都市部の人に届くことはあるのでしょうか。

そんな厳しい現実ですが過疎地の園長さん達はまだ踏ん張っています。執筆者の倉世古さんは職員全員に「みどり保育園を発展させるための攻略！」というアンケートをしたそうです。そして「みんなが一生懸命考えてくれて感激しました」と語っています。見せてもらうと「こんにちはみどり保育園です」というビラをつくって、それに子育てアドバイスも書いたらどうかなど、すごく具体的な知恵と手立て満載でした。一人では解決できない運営の厳しさを、職員を信頼して知恵を借りて乗り切ろうとする園長、その信頼に応えようと真剣に知恵を絞る職員。過疎地の保育園は園長だけでなく職員・地域を含めて「みんなの保育園」なんだと温かい気持ちになりました。弱音を吐きながらでいいんです、小さくて弱いものはお互い助け合うしかないのですから。そしてそれができるのですから。

## ●里山保育への共感と手ごたえ

執筆終盤の二〇二二年一二月六日、地元のテレビ熊本で「里山の保育園　全国から注目！　八代市の里山保育」が放映されました。執筆者の一人橋本志穂さんが勤めている「あさひ森の保育園」が紹介されたのですが、その週のニュースアクセスランキング一位になるほど大きな反響でした。

たくさんの感想が寄せられました。熊本市内の保育士さんから「五歳の娘が、見ながら『いいなぁーずるいーー』と言ってました」と、子どもから見ても里山は魅力なのだと実感しました。また「地域の方との関わりや、山の中の野いちご摘み、茂みに入っていく楽しさが伝わってきましたー」や「子どもは大人や人にだけに保育されているのではない。人以外に育てられているところが、ほとんどで、人との関係はとても大事だけど、その何倍もの力をくれるのが自然です」と里山の魅力に気づいたようです。さらに「山で木に乗ってぴょんぴょんしてる子どもを見て、私なら『危ない、降りて！』って言うかも」という素直な弁もありました。YouTubeで視聴した東京の保育士からは「都会の保育園にはこんな自由はないですね。いかに危険を排除するかという保育の流れとは異なるものを感じます」とうらやむ声も届きました。たくさんの共感の声に「里山保育」の定着の兆しを実感しました。

## ●保護者にももっと伝えたい里山保育の魅力

「里山保育」の魅力を保護者に伝えることが課題として残されました。

まず「里山保育」というと野山で遊びまわる四、五歳児のイメージが強く、ゼロ、一、二歳児にとっての里山保育のイメージが伝わっていないのかもしれません。一、二歳児さんが保育園の近くの野原や畑を歩いている風景を想像してみてください。人工の音がほとんどなく自然な音にそばだてる耳、野原の草花を摘み虫をつかまえる小さな手、畑のあぜ道をよろけながらよちよち歩く足。小川で沢蟹を見つけた喜び、乳母車の散歩でも風の心地よさやお米や野菜の匂いをかぐ臭覚、五感に訴える里山のさまざまな魅力を伝えることができれば、未満児の入園につながるような気がします。

また同時に三、四、五歳にとって里山の魅力に加えて「暮らしのなかでかしこさが育つ」面があることを伝えていく必要があります。執筆者の橋本さんの運動会のプログラム（39頁）は子どもたちが書いています。クラスだよりには「だれが文字を書くか決めると、自分達であいうえお表を見ながら練習しあったり教え合ったりしています」と書かれています。このように子どもたちは特別に文字や数を教えなくても、日ごろの生活のなかで必要に迫られて身に着けていくのです。

さらに過疎地の里山保育は、子どもも里山で育ててもらいますが子どもや保育園も里山の人たちを元気にしているのです。まさに「小さな地域おこし協力隊」です。保護者にも保育園がある里山の地域〈集落〉を元気にするためにも役立っていることも積極的に伝えたいものです。


最後になりましたが、ひとなる書房の名古屋研一さんには、陽が当たることが少ない過疎地の里山保育の出版の労を執っていただきありがとうございました。また、過疎地の一方的な思いが溢れすぎる私たちに、都市部の保育者とも手をつなぐ視点を提示していただきました。執筆者五人と共に深く感謝いたします。ありがとうございました。

「武器は命を奪いますが、食料は命を守ります」を心に刻んで

宮里六郎

〈執筆を終えて〉

●今回、日頃おつきあいの深かった過疎地仲間五人と「チーム過疎」をつくり、この本づくりを進めてきました。打合せやラインでのやりとりを通して知恵を出し合い、本当に楽しい時間でした。何よりも「過疎地の保育」から「里山保育」へと希望を紡ぐ語り口を手繰り寄せることができたことがとてもうれしかったです。これからも「チーム過疎」で勉強会を続けていきます。一緒に学びたい方ご一報ください。

〈miyasatorokurou@gmail.com〉宮里六郎

●本づくりは、「昔々あるところに」とまるで昔話のような語り口調で、それぞれの「今」を語りあうことから始まりました。地域のもつ持ち味を尊重し、暮らしに溶け込む、その過程のひとコマひとコマにわくわくさせられっぱなしでした。それぞれの地域で育つ子どもたち、保育者、地域の方に会いに、その笑い声を聞きに行きたくてたまらなくなります。この本を道しるべに、日本のあちこちの地域で保育の「今」を紡ぐ皆さんに会いにゆきたいです。

奥村智美

●これまで一緒に踏ん張ってきた保育仲間がいたからこそ今がある、と感謝しています。人を頼ること、信頼することが心地よいことを今はたっぷり感じることができています。無理をせず、働きながら大笑い。子どもたち、仲間たち、地域の皆さんと里山保育の今をとことん楽しんでいます。楽しいですよ、里山の保育。

橋本志穂

●『これがうちの保育』とすすめてきたものに光をあてていただき感謝しています。環境だけが取柄と思ってきましたが、自分たちの保育で心豊かに育つ子どもや、それに関わるすべての大人が笑顔になっていることに改めて気づきました。出版に向けて「チーム過疎」で保育を語り合えたことは自信につながり、自分の、保育園の、地域の、財産にもなりました。

倉世古久美子

●大人社会のたくさんの理不尽さの中にあっても、子どもはいつも光り輝く未来を見つめている。子どもたちに励まされながら、子どもと生きる幸せを改めて感じた。どうぞ戦のない時代が続きますように。子どもたちの夢や希望が曇りませんように。全ての子どもたちの幸せを願います。

鍋田まゆ

●里山が、里山の保育が、ますます好きになりました。子ども達と先生方と織り成した日々は、かけがえのない宝物になり力を与えてくれます。共に過ごした先生方、応援してくださった保護者の方々、地域の皆様、本当にありがとうございました。今まで〝過疎〟というと暗いイメージを持ちがちでしたが、ここから大きな希望を持ち、光り輝く明日が始まることを感じています。

岩根治美

**宮里 六郎**（みやさと ろくろう）編著者　序章　第2部、終章
熊本学園大学名誉教授　1955年鹿児島県種子島生まれ。「自称」過疎地保育研究の第一人者
『暮らしの保育―異年齢保育から生まれたもう一つの保育』（仮）鋭意執筆中。

第１部実践報告執筆者（執筆順）
**奥村 智美**（おくむら ともみ）　福岡県・社会福祉法人紅葉会 大島へき地保育所施設長
福岡教育大学非常勤講師　船での通勤13年目。時折、大波小波に揺られて（船酔い）朝がはじまります。島の暮らしは、どんぶらこっこと保育者魂を揺らします。

**橋本 志穂**（はしもと しほ）　熊本県・社会福祉法人同朋福祉会 あさひ森の保育園保育士
書類作成と早番の日のお弁当作りがちょっぴり苦手なお母さん保育士です。

**倉世古 久美子**（くらせこ くみこ）　三重県・社会福祉法人一宇郷福祉会 みどり保育園園長
子どもたちがやってきて賑やかな職員室。つい遊んでしまって、園長仕事山積みの毎日。まっ、いいか！

**鍋田 まゆ**（なべた まゆ）　熊本県・社会福祉法人黒肥地会 黒肥地保育園主任
保育士歴50年。ニックネームは「まよまよ」（迷迷）
考え、悩み、いつも迷っています。あ〜ぁ、です。

**岩根 治美**（いわね はるみ）　熊本県・社会福祉法人旭志福祉会 北合志保育園元園長
４人の子のあばあちゃんです。季節を愛すること、遊ぶこと、食べることにワクワクしていたいです。晴耕雨読の生活に憧れます。

装画／おのでら えいこ　　装幀／やまだ みちひろ　　写真提供：各執筆者所属園



**里山の保育**　過疎地が輝くもう一つの保育

2023年２月15日　初版発行

編著者　宮 里 六 郎
発行者　名古屋研一

発行所　㈱ひとなる書房
東京都文京区本郷2-17-13
電話　03-3811-1372
FAX　03-3811-1383
Email: hitonaru@alles.or.jp

©2023　組版／リュウズ　印刷・製本／中央精版印刷株式会社
＊落丁本、乱丁本はお取り替えいたします。お手数ですが小社までご連絡下さい。